संस्कृत-सुमनं

हिरनदास महार

ISBN 979-8-88749-915-4

फिलासॉ|फिकल शौसायटी लेदरी मनैन्द्रग.ढौ

त्रिसतषस्टं राज्ञ: भारतः

वर्षापि च द्विसहसत्रंत्द्विबीसं

प्रकाशकः

श्री नौशनप्रैस चेन्नई: तामिलनाडू

(मद्रासःदक्षिणभारत)

अनुक्रमणिका

प्रस्तावनं

सधन्यावादं प्रणामामि गुरूनि जनकौ चाग्रजा: सर्वेसै यूयं हृदऐसे तिष्ठै वीणापाणीम्!

च प्रकाशकस्य अतिधन्यवादं अर्पियामि।

यै तथा रूपं प्रकासितं सत्यं यथा अहमालिखामि॥

अतः संपूर्णं दायित्वं मम स्वीकारौमी॥

मंदहँसितं त्रूटै शुभं, कारणं स्वयं विज्ञानस्य

छात्रंमस्च पश्चिमस्य गुरूम् प्रीतामि।

ईदं दैव वाणी पठितं स्वयं पूजाम्लिखितं सवयंमग्यं यः मननामि!

बालकालै मम कुल गुरू; गर्गः गुरूपुत्रः श्रीजीवनप्रसादः, च ब्राह्मणाग्रज श्रीमान् भैयालालशास्त्रीजी कर्मभूमे श्रीबृजैशपाण्डै च,

यै सर्वै महाभागस्य श्री सत्यनारायण: कथा श्रूत्वा संस्कृतं शिष्यामि॥

श्रीमद्गीता श्रीरामायनं पठित्वा च पं. विसारद जीतराम भट्टस्य कृपा महासम्मैलने संस्कृत शोधपत्रं पठितं, तत्र संस्कृतस्य महापंडित मित्रं लभते काव्य कुशलताऽर्जितामि।

यः यूयं प्रस्तुत कृत्वा हर्षतामि च अति सरलं संस्कृतं दैव वाणी नमामी॥

हिरनदास महार

प्राक्कथन

शुभं कुरूतै कल्याणं, दैववाणी हिन्दजा।।

समं कं कक्छै ग्रीकं लैटीणं, सरलं सुशौधजा।।

इतिह् श्री कर्तुमहं हर्षितामि प्रियाहपाठका।।

बंदनं वीणापाणी सर्वैसै वुद्धि विद्या दायका।।

निवेदनमस्ति ईदं प्रथमप्रयासं छात्रस्मि विज्ञानका।।

अतहस्ति त्रूटियुक्तं,शौधं बौधं स्वागतं तव संदेशिका।।

ईदं पुस्तके उल्लेखित विचाराह मम व्यक्तिगतं संति।

तथा किन्चित अपि मनुह् संबंधितं कदापि ना भवंति।।

बयंजनाभिब्यक्तं गू.ढं चास्ति।।

अतः पूर्वालोचना, मे वार्ता अनिवार्यमस्ति।।

अंततः प्रणम्यतः शुभं साधूम् श्रीसंस्कृतं जयति।।

हिरनदास महार

1 प्रौत्साहनं

ज्ञा न-कला-वाद्यं विद्य|सु,
कैवलं श्री गुरुम् गुरूना भवः
परन्तु गुरूनि भवंति संकुलं पर्यावर्णम्|
ऐकदा एकं प्रसंशकाप्रशनति ऐबीसैत्,;
कुत्र लभसि ऊरजाम्?
कोटिमनौवदति ::" पंचंकरतलंनादं "
अतः रंगमंचे प्रौत्साहनं स्वयं विद्या||
ईदं चैस्टं किमपि काव्यै चरंति बिय्याकृतंत्रूटिम्||
जयती श्रीभूसूनदीजी गायंश्रीरामायनंजिम्||
परः विज्ञा नं ऐकल विद्या ; कृत्गुरुकृपा ध्यानं
ॐनमःशिध्दा;:!!!

2 बंदना

ॐ क्लीम् सः॥ शुभंशुभः॥
तपः परंतपः। गुरूकृपं पः॥
क्लिष्टंम् कृतः॥यः छात्रः वृतः॥
ॐ जयं त्वं सर्वत्रं जयः विजयः ह्रीम् श्रीमः!!
आपौ दीपौ भौ॥ सौहं मोहं भवः॥
वादितं बंशी नृतियसि मम श्रीकृष्णः॥
बिघ्न कर्ता अस्वस्थताऽस्ति।
बिघ्न हर्ता रिद्धिशिद्धिसहितं गजानन :संति॥
:हे श्रीगौरीसुतः! बंदितं वयं निवैदयंन्ति॥
उत्तिष्ठ उत्तिष्ठ कृपावृत चास्नानं गंधताक्षतं पीतवस्त्रं च
मंदार पुष्प -मालिकाम् सुशोभितं॥
तदुपरान्ते मिष्ठंकंदुकानि स्वाहा॥
स्वादाय वट्टास्वत्था पत्रानि खाद्यातु त्वं नमह्॥
अत्रं तव भग्ता: चायस्य पत्रस्य क्वाथं पिबंन्ति॥
तथापि त्वं शुद्धं गौदुग्धं सेवंति॥
तव बंदनं सर्वै सनातनी सर्वप्रथमं कूरूवंन्ति॥

मंगलं मंगलं भगवान विष्णूर्मइ॰गलं॥
मंगलीम् मंगलीम् भगवतीर्मइ॰गली॥
ध्रूवौमंगलं भ्रूवौमंमलं सर्व मंगल मंगलं
सत्यंमंगलं मासत्यं मंगली मंगलं गली गली॥

अद्य मंगलवासरै यथा यूयास्चर्चंडै वयं कृत्वंती जै
बजरंगबली॥

ऊन्? ॐ मंगलं पूण्डरीक

अक्षौ मंगलाय तनो हरी॥

3 विदैसी मित्रः

ऐकदा,यारिदैसस्य मियामित्रः विदैसे भ्रमणै अति
मित्रताकृति,",लैन गयौअगवान"|

पंचतारकंमातिथि भवनै संगै बसितंभौजनं सभैशौध पठितं,
बागै सर्वै मनौरंजनं परियं, हाटैबणीज्यं सुक्रियार्थःसुक्रियं
धन्यंमीति||

तस्यबिदादुःखदं अभवं किम्? ततःभौतिकमुद्रानिवार्यतः,
प्रत्यागनकालै किम्करिष्यामि बोधितं सरवै यूयाना:
अव्ययामि,

वायुयानै मार्गपरिवर्तितं नवमहानगरै झियाअंगझाऊ पत्तनं
शुल्कं तै अयाचन्ति||

मम सहस्त्र मुद्राअस्वीकृत्वा विनिमयं नाक्रियंति||

द्वौप्रहरौपरान्तौ ऐकं ऐअर ईण्डियन परीचारीका परी
सहायता आकृति|| ततःरीतै अंहं पुनरागामनामीति!!

4 श्रीकृष्णा

ॐकृष्णंम्महातृष्णं कृष्णःकृष्णंकृष्यशि॥

आकृष्णंम्माकृष्णं महातृष्णं कृष्णःकृष्णं जगतशखि॥

पादाङ॰गूल्लीम बसति विश्वः पादौ स्वर्ग बसति

तं त्वचं श्यामा तिष्टं बिन्दू तिष्ठति तारिका॥

कामाख्या धरा नाभीधरा, छीरसागरौश्रीमहामायाकालिका॥

हृदये बसतु वैरौचिनीस्चा नासाज्यैष्टा॥

मुखीबगुलामुखी कर्णौ मातंगीशारदा॥

नयनौ बसशी श्रीकृष्णःकृष्णा भ्रू मध्यै ॐ नमः शिवाय॥

भालेस्थितोविधिहि शिरैरैखै बसै नरमदा॥

ॐविराटैश्वर:: नटवर: पुनर्भवतु दधि चौरहा॥

5 तंत्रं

ॐ क्राम् क्रीम् क्रूम् क्लीम् सः कालिका।

बं बंगाला तंत्रविद्या भक्त प्रति पालिका॥

वृथाकर्माह्कृत्वंति जगती॥

नैतेनीवार्ियं एन्थरोपस्य भगती॥

दशाननः अकथति': '' देहि देहि सर्बत्रं जयंश्री

नरम्वानरशिया सिवाय,

ॐ नमः शिवाय मै वराह् प्रदाय ममशिव॥'

मंदिर जपैन्मस्जिदः जपैन्पवित्रं चरच तथा तथागतः

सरवै गुरूनिजपन्ती गुरूभ्राताह्जपन्ती शान्ती सान्तः॥

अहमापि कदाकदा जपामि परन्तु परन्तपः? यथा तंत्रै

ज्वलज्वल फटफट स्वाहा॥ ये

जपे ते फटफटी पाहा॥

अधुनावर्तमाने सुसमयकालै सकारं हंसवाहिणी-स्चार्थह॥

अनिवारियम्मावश्यकता सान्ताय शोधः॥

नाईट्रस आक्साईड हसंवायुम् च ई-यू-जैनै-टिक्स

प्रैम जीनः प्रविसान्ती, निकशतुश्च क्रूरान्नू, ततःसान्ति

शान्तं भवंतः॥

6 मतान्तरं

प्रसाद खिचरी पक रही, हर जगै अपनी अपनी॥
किसी की ग्रहणपूनौ, तो किसी की पूनौ धनी॥
दशमैश जयंती से लैकर, साहैब हूजूर जयंती॥
यथायथा भवंती मान्यता, तथातथा तै पूजंती॥
सर्वैसमयौपयौगीता, सर्वैसंताह्सन्ती॥॥
गनितंकिन्चितदुष्टारूद्रंति च रौद्रन्ति॥
एम पी ए क्रिश हिन्दू, यू पी ए मुस्लिम हिन्दू, मराठै
बुधहिन्दू सौराठै कबीरी हिन्दू युद्धंती॥
सना-तन्नान्तर्गत उच्चा- दल्ली-तच्चा विवादंन्ती॥
अहंकैवलंसत्यं? किम्ना सरवै सत्या उपरि ताथ्या वैदैतीहासं
किम्ना पालंती?
न्यायं ना सर्वै सुखिनो भवंती परन्तू सत्यं साछयं सर्वदा
जयंती॥

7 गुरुबंदनं

ॐनम्म्माशीवाय बाबा बंगाला काशी विश्वनाथाय॥

कनफूजिया दियै ऊज्जैनीजी, एकसंत ज्ञा नी.कि ज्ञा नब्यापी धराकैन्दराय॥

ॐ? नमाशिव्वा कै नाव...टीवी मॅं| काव काव॥

गूरूसंगी संत भुसुन्डी, सब संतन कौ बनदाव॥

कालसमैकेन्द्रंमोज्जैनंम्च त्रिसूलं धराकेन्द्रं काशीभवं भवाय|
प्रबौधं? इदं सशाक्षह् सुबौधं यथैदं ज्यौतिषजननीश्च श्रीश्यामस्यविद्यागृहाय॥

ॐदीपंनमः ॐआपौ दीपौ भवं ॐज्योतिह् सूर्या स्वाहा भवं
ॐ सूर्याज्योतिह् स्वाहा भवंभवाय॥

ॐ चंन्द्रमा मनिषौ आ जाय ता?

ॐ सूर्यो ज्योती आ जाय ता?

हुहुहँहँ श्रीकान्हासपथाय|ानंदाजाय औंका!!

ॐनमः‍अरिहंतायॐनमः‍शिद्धायॐनमः‍ बौद्धाय ॐनमः‍श्रीकृष्णाय|

पूर्णमदःपूर्णंईदं पूर्णात पूर्णमुदच्यते॥ पूर्णस्य पूर्णमादाय,पूर्णाय पूर्ण मैवाशिष्ते|

ॐपूरणंदर्भि परापत सुपूर्णा पुनरावत् विष्णोर्वहिज्र्वंग सतकृतौ स्वाहा॥ (गायत्री!!!)ॐसर्वं पूर्णंग्वं स्वाहा!!!

अर्थात् वयं सर्वै (द्वौदसम)पूर्णाः भजंति, सूर्यायनमस्चा!!!

अहमाश्चर्जंम्भवामि श्रृत्वापठित्वा जनाह्ग्यानी संति|
दसविद्याकालं अजंता हिलो-राः च अजंती दसमैसं भवंती!!!

इदौ द्वौ क्रमाङ॰कंम्सचभेदं कृष्यकृष्यकृष्य कृतंमिदं
श्रीकृष्णं तवैदं धंमं जयंती॥

बुद्धंजी सर-नामजी गच्छा........मी।

धंमंजी सर्णजी गच्छामि....!!

काण्हाजी गौपीजी भज्जामी॥

ॐगुरूवेनमः ॐभूर्भुवःस्वः ॐक्लीम्शः॥

पादौ बसति पृथ्वीमासंदी बसति विश्वः॥

बसंत हृदयै श्रीकृष्णाह् सहोदरै संभूसंकरः॥

सुआनने ब्रह्मास्च सिरसेमाता सारदा संतीगुरुवरः।

वै दादा दशविद्या नौदुर्गा कवचंम्चा महामाया मात्रः॥

तंत्रं मंत्रं कलित्रं यंत्रं भाखा शाखा रात्रः॥

जयंती जगती दात्री, खं गंधर्व च धातृः।

8 मौहिनी

सादरप्रणमामि देवीमोहनी पूज्याज्यैष्टं
ज्ञा पितामि धन्यवादं, ॥
ददार्थःशुभंलब्धिकालं साशीषत्वं!!
जयन्ती श्रीकृष्णाह्य चंचलं च
रमन्ति रामाह् प्रज्ञा स्थितं॥
तवावतर्णंमाति शुभं, नवोदयाबालिका रूपं॥
यथाल् लूचकी पा पहारे मंदिरै ऐन् श्री कन्या कालीका
शुकृपावसितं॥
सर्वं दैवादैवीनाम गंन्धर्वन्ति गानाह्सौहरं॥
बंसीऐश्रीमोहन: मृदंगैशिवह्शंकरः घंटीबजंती गं गणपती जी
श्रीशारदाय कृतिगायनं॥
भयै प्रकट कृपालिन ...दीन दयालिन...
ऋषि मातंग दूल्लारीं....!!!
सादरप्रणमामि देवीमोहनी पूज्याज्यैष्टं
ज्ञा पितामि धन्यवादं, ॥
ददार्थःशुभंलब्धिकालं साशीषत्वं!!
जयन्ती श्रीकृष्णाह्य चंचलं च
रमन्ति रामाह् प्रज्ञा स्थितं॥
तवावतर्णंमाति शुभं, नवोदयाबालिका रूपं॥
यथाल् लूचकी पा पहारे मंदिरै ऐन् श्री कन्या कालीका
शुकृपावसितं॥

सर्व देवादेवीनाम गंन्धर्वन्ति गानाहसौहरं||

बंसीऐश्रीमोहन: मृदंगैशिवहशंकरः घंटीबजंती गं गणपती जी श्रीशारदाय कृतिगायनं||

भयै प्रकट कृपालिन ...दीन दयालिन...

ऋषि मातंग दूल्लारीं....!!!

नाम पर भाऊ जॉ|न गण राऊ|

प्रथम पूजिया तासू पर भाऊ|| (बा.का.राम.)

ॐ नमः मातानाम काली तारा कामाख्या|

भुवनैश्वरी भैरवी त्रिपुर सुन्दरी महामाया||

रजरप्पास्य छिन्नमस्ता दतियास्य धूमाज्येष्ठा

बंबगुलामुखी मातामातंगी कमला कृष्णा|

ऊपनीषद मीमान्सा पुराण वेदाहपठितः||

कखगघ भ्रमितः हान्का सर्वसमर्थह्|

स्वर ब्यइयंजन, मात्रा चा विशर्ग चतुर्भूजैदं वर्णानामर्थह्||

सब्दवै ब्रह्म : नमः

गणितं कक्षै सप्तमंमं गूढं विश्वतः||

तिल काष्ठं गाऊबंधनं नापि काली कलित्रं च शिद्यान्तः जीवकणह्||

9 दिव्यावतार

अवतरण दिवसस्य कोटिसः शुभं नमो नमः||

प्रपद्यै श्रीबगुलामुखी मात्रे दैवी कामाख्या सुरेश्वरी|

त्वं नमामि वरदाम्विद्या श्रीबगलाकामेश्वरी शिवा||

सत्रूनासी महाविद्या पीताम्बरा नालखेड़| वाशिनी|

जयंती तंत्राणी मंत्राणी यंत्राणी मोहिनी मातै महाबला||

10 शौधोपाधि

ॐक्लीम्सःसारदाम्||

धनियं तंम्मात्रै ददन्ती पंच शोधोपाधियाम्| च कविम्च कास्यं विश्वसंगीताम् अलिमालंकरणं||

तै कालिका मात्रै सुरक्छा कर्तुम्ममता प्रदाम्|

ह्रीम् अवतर्सि श्रीम्लकछमी-कमलादेवी||

कमला शन्ना कमला नन्ना कमल नयनौ कमलहस्ता स्वयं पद्मादेवीदं कमला||

तस्याम्बे कृपाबलै ऐकदा परिहसितंमित्रा:ह मध्यै भीष्भ अघोषणामि|::" किम्ऐकौ नकल प्रकरणं भवण्यति, तजामि सरवै पंचस्च श्रीलिखाष्मि|""

ॐ क्लीम्सःमातृ सारदाम् रक्षसि सर्वदाम् सर्वदान कर्तृ तस्याहं जयष्मि||

11 कलिकाएनमः

ॐजै कालीकाली महाकाली काली माता कंकालिनी||

माते डाकिनी-शाकिन देवीप्रैतनीस्चापीसाचनी?

भक्ष भक्ष मम सत्रू|

ॐमाते रकछमे माता चंडी शिवानी कपालिनी||||

12 श्रीकृष्णा

जयं त्वं श्री कृष्णं

गिरिधरं बंशी बादकं||

सुमयूरस्य सुमनं सिरं सखैसं सरवैसै स्यामं,सुन्दरं, ॐकं||

बंदे बन वारी पंकजौपादकं||

ब्रंगोर्छाय्यूयं तजंम्मुर्ली फरसूधरं श्रीरामःईस्कॅ|न जगतबंदितं||

13 वायुयानं

एकंसह्यात्रैवलोकनं उदं यानं अकंपितं भैदनं मैघा न्यून्तै॥

मैघं बौधितं वायुयानै, भारतं बौधितं अनारक्छितै॥

अन्तर्मुखी भवतं वातानकूलै, यात्राम् भारतंप्रैक्छितै॥

14 श्री सारदा

नादरंमनाकादरं कैवलंलक्छीमवाशरै॥

तापायनंकालै भ्रंमणं उच्चतं तः पस्चिमै निमन्तं माध्यमे तव वरै॥

तदपि अतिशुभं शारदारूपं महती ममतामयी त्वं मैहरै॥

ॐवाचा तवपादपंकजपूजितं भवन्ती सुखै संसारै॥

छि: नानंदं मातजामूनै दृष्टंदिल्लीनगरै।

नादरंमनाकादरं कैवलंलक्छीमवाशरै॥

तापायनंकालै भ्रंमणं उच्चतं तः पस्चिमै निमन्तं माध्यमे तव वरै॥

तदपि अतिशुभं शारदारूपं महती ममतामयी त्वं मैहरै॥

ॐवाचा तवपादपंकजपूजितं भवन्ती सुखै संसारै॥

15 श्रीकृष्ण

अकृष्य क्कृष्य स्चा कृषियसि।।।

ॐ‍श्री कृषणा कृषिणासि सा क्कृष्णष्यसि।।

त्वंयूयाम्यूयं चाहंवयामीवयं सरवैकृष्णा कृष्यसि।।

गौर्थं जीवात्मंमस्च गाय मातं कर्षसि

पन्चर छितिजलपावकगगनसमीरं भवः जीवः

तः सूक्छं तःउपरान्तैकारं गजाननं श्रीयसी।।

सरवै मौहनम्मौहिहिनी सरवौतमस्सूनदरी नासौपरीकृष्णंकलं
अननैरवशी।।

कदापी नापरं नैधिकंकृष्णाय किन्चित रति:!!

जयंशि जयती जयष्यसि तं गिरिधरी।।

यत्रंत्वं तत्रं जयं ध्रुवसि।।

जयश्रीक्कृष्णाक्रिष्णासहसि

हसिसाहसीसःहसासि श्यामसि।।

ॐ क्लीयम्सः!!

शारदाम् प्रदातुम्वरः!!!

तव सुताय श्यामः!!!!

कूप्यातिशनैह ::!

तै दृश्ट्वा सः

रूक्मः अकृसि ते तः

परस्परः मत्सरः।।।।

आसन्नार्थ स्नैहंति जूझंति च:।।

ईदंमाकाशःन पुष्पकमार्गः आकास्मि काना राक्छित*
रैलीरैलः||

तथापि असहः तप्तः वातः!!

कस्य कुर्वन्ती पूज्यसत्यः?!!!

ईदं जगतं स्वयं यात्रं

च कायः पुष्पकं सरवैसर्वः!!!

16 नौरात्रि

गुप्त नौरात्रि: प्रक्टनौरात्रि: महाशिवरात्रि: मोहरात्री: मध्रूरात्री: तथा कालरात्रि::||

ईदानीम्ष्ट कृतिका रात्रीमात्रा: संति चरंति जगति:||

अश्वस्थामा बलीव्र्यासौ हनूमानस्च विभीषनः

कृपा परसूरामस्च सप्तर्षि: चिरंजीवी||

भ्रमंति यत्रं तत्रं जपंति राम मंत्रं|

तैअद्द्श्यः दुर्लभः तथापि दर्सति सौभाग्यी||

बंदै कृष्णं सखं सिमरं रं कं|

कंमस्यितम् तं कं लिख्मैकिम्पठमैकिम्!!!?

मं प्रृजं सदैहं किन्तू तं करंसुनिश्चितं!!!

ऐतदं बौधं कालैकलित्रं कल्लम लंलं भवंती अती किरपालं||

यूयं तःअंतः शुक्रियं ईदं वरं शौधं अतः बंदनं पुनरपिपूनं||

धे राधेपती!

तजतो इदः जगती संगती

पंचायती सौसाली स्ठडी||

त्तो? तत्तौ कलावत्तो कान्हा कलीत्रौ कालोश्ति पियौर पाकृती पठती||

तदपि श्री रामायणः

पठनीया मंगलंमंगलः भवंभवती||

साचौवाचा क्रियंमौर्जा अन्नूपूर्कौ प्राकृती||

टुनटुन श्रौत्वा ततः बोधष्यसि महमती||

किमपूजारतौ सर्वदा पधारती||

श्रृणूश्रृणू पूजाम्श्रीम् गायनै ब्याकरणत्रूटि चरती|

17 संस्कृतं

पठितं संस्कृतं दैवानागरी लिखितं स्वयं पूजा निश्चितं॥

भवन्ति वर्णा: वाग दिव्या: शिद्धिदात्रीस्च शुद्धी चित्तं॥

स्वतंत्रं कलित्रौ भाष्यं कलित्रं, अंकं, बीजं, संकैतं च समेकितं॥

किमपि भासागृहै शब्दकोसस्य मृदाखंडाह् ब्याकरणस्य
यौजकं च, केवलं द्वौवानिवार्यः।

तथापि शुभेसंस्कृते संज्ञा स्चसंबंध संयुग्मित:!!

तदैव च क्रियंमस्च सह क्रियं युज्जितः॥

भारतस्य चतुर्दिशाय इदस्य शैलीविविधता भवंति॥

यथा पूर्वे दैवीपुराणं पश्चिमे मैघदूतं, उत्तरे गीते रामायणं च
दक्षिणे शिव ताण्डव स्त्रोतं संति॥

18 वीणापाणी

जयंतीवीणाधारिणी..मातॐक्लीम्सः सारदा

प्रसन्नं मंदहसितं स्चकृत्वा सदा कृपामुद्रा॥

अपरिहासितमश्रृणू किन्चितजनं मम दृढ्प्रतिज्ञा? मम संति
पंच शौधौपाधीनाम सः कवीतास्चसंगीतेपदकं॥

यदि ऐकौ नकलप्रकरणान्तर्गत शोधग्रंथं भवति॥

सकलं पंच सोधोपाधिनाम्यहं तंजिस्यामिंस्च न डाक्टरः
किन्तु मैश्री लिखाष्यामि॥

अतः पूरवैयालोचनं पठमै। शुभं मंगलं ज्ञा पितामि॥

19 देवानागरी

नौ, लभंम टू दैवानागरी।

मात्रा त्रुटी गायनै चरती॥

दूर्घटनास्य दैवी माता काली॥

गौरूपडी पथै पथै चरनती।

गर्दभस्यावाहनंम्माबोधति॥

ईशगृहंसरवैसमं!!!

तथापैयथा धन्यावादं॥

ददाताम्बरं शिवंशंकरं तैकृपाप्रसादं॥

गीतौवाचा मनःश्रीकृष्णाननं पाठे त्रयौदसं

तै बंदे सततं उमाशिवं। स्या.मस्ती सैवं नमंपादं॥

ॐ औम अः हः॥ जै गौपाल गिरधरः॥

'।

जैन्ही बिधि हौय नाथ हित मौरा? करौ सौ बैगि दास मै तोरा!! ""

पुरूषं चरित्रं दैवौनाजानं॥

कुतो मित्रं मनं श्यामास्थानं?

सामित्रं चरित्रं अतिसय विचित्रं॥

ज्ञा नंति दैवा: नापरं कवित्रं॥

पूजार्थघृतं कलित्रं ईदानीम मनौहरं सुचित्रं||

ॐनमःशिवाय औघड़दातुम् अत्रं

पंचशौधौपाधिनाम धारित्रं||

ऊल्लू वाहना श्री लक्ष्मी स्वयं माकाली||

भद्रकाली स्वतःसारदा चशिद्धिकालैस्ति गजलछमी||

ईदानीम ऐकं आदिशक्ति: यद् चिन्तनं तद् मातै भवैत्||

तै बंदनामि सर्वदा सर्वै सरूपै||

ॐक्लीम्सः वीणापाणी!!! किम् विचारियसि? वीणै किम्
वादियसैथवा सौभाग्यं लैखसि!

ॐ क्रं क्रीम् क्रुम् क्लीम्माकालिका माता गौसि!!!

नमस्तुभ्यं क्षमस्च सर्वदा रक्षसि||

मम बैरी नस्यसि, त्व सत्रूसूदनं कालं तव अशि!

किमातैतिशुभं गौह्लिदयं मम मातै कालिकाय जगती नमती|

शिद्धीदात्री नवमैदं स्वयंमाष्टलक्ष्मी!

नमस्तेदेवी शहनाज महाभागे शुभंमातीशुभं जशगीतागायति!!!

20 अनुवादं

अन्नूवादनानीवार्यं मैह्यं॥

तथाऽपैदम् सर्वाय स्वतंत्रं॥

प्रैक्षणं स्वास्थ्यं शिशूश्वानं नहृदयं॥

जनाय नास्वास्थ्यं परंतु हृदया: प्रैकछ्नीयं॥

हे महात्माह्!!!

नाऽस्ति मे बौधं कस्य बंदन कूरू।

तथापि तैऽधिकंमाशीसंति ॐगुरू॥

किम् मात्रात्रूटी॥ गायनं भच्चा महत्वम्कृती॥

इदमाशुभं ...शुद्धिमस्ती बुद्धिम् जगन्मायाब्रती॥

तथापि देव वाणी स्वतः सारदाम् भवति॥

महाभागै पाठकाह् पठंन्ति ते सर्वै जयंती॥

21 माया

शैलजा, कुमारी,चंद्रिका, कूष्माण्डा, पारवती,कत्यायिनी,
काली, गौरी मातःँगी,इदानीम् नौदुर्गा: एकं दुर्गैमैया॥
काली, तारा, कामाख्या, भुवनेश्वरी, भैरवी, छिन्नमस्ता,
जैष्ठा, बगुला, मातंगी च कमला माता: इदानीम दैवीनाम
एकं माता शारदा॥
यथा तथा अष्ट लक्षमीनाम भवंती महामाया॥॥
मौहनह मोहनीभवैत नख_शिख षौडश श्रंगाराहकृतं।
ते नमःॐगरूर् मोहनं जगत।
संम्मौहनं मात्र संभवं यदि श्रीमोहनं मोहनी प्रीतं॥

वयं संस्कृतॅ लिखामः, बोधंमाबोधंशुबोधं अचिन्तामनीसः,
अतः ततः भविष्यतः॥
ॐक्लीमसः ॐक्लीम्शः
जपै श्री शनीहनीमनी विनियोगः ध्रुवं ध्रूवं भवतः॥
रामायणस्य मायानोत्तमं। परन्तु,
श्री रामायणै श्रीमहामायाकिम्?
तेहि पुर बसइ शीलनिधि राजा
अगणितहय गय सेन समाजा॥
विश्वमोहिनी तासु कुमारी॥
श्री विमौह जिसू रूप निहारी॥
द्वितीयं मोहनी : पायोधिमंथनौपरान्त

अमृत वितरणार्थं कायान्तरितश्रीहरी :

च त्रितीयं श्रीकृष्णा श्रीकृष्णवल्लभ:

हिन्दी अंग्रेजी लभःलभंलभंती

कृष्णं आतैकृष्णंतिश्चा मुद्रामहामेघेन्द्रतः

ॐनमोपारवती पतिऐन्मः हर हर हर महादे.......व!

1 संस्कृतं, 2 सारदाम् 3 सरस्वती, 4 गायत्री, 5 मातंगी 6 उमा 7 गुरूदेवी।

ईदानीम सप्तशारदाभ्यह् दिवसस्य कोटिसः शुभंशुभं साधूवादी॥

हृदय मनाव भौर झनि हौई।

रघूबर जाय कहिय किन कौई॥ अलिखियति गौस्वामीजी ॥

बंदनं बंदनं प्रणमामी वीणापाणी शुभमातीशुभं नवरात्री ॥

22 महिला

ॐ कलीम्महिलाधीकार्रीश्चा महिलाथिकारीश्चासाम्महिलामंडलीश्चा॥

त्रियादैव्या,सप्तसारदा, आष्टलक्षमी,नौदुरगा,दसविद्या,सोइस कला,सत्ताईस नक्षत्रा: छत्तीसरागिनीयो,चौसठ जौगिनिया, चौरासीसिद्धिया सौहश्चा ऐकसौआठ मोहिनिया॥

सरवै शक्तै महामातै इदं महामाया॥ तथापि सप्तसतैनतरै मातास्य अनंत नामा: लभंति॥

ॐमा ऊमा भवानी सहितं सिन्हं तिष्ठन्ति॥

अतः कस्य दिवसा: भव सकन्ति?

पीतं-पीतं भवन्ति पादपाणि जवा: कारणं किमर्धसयनंतैर्ध जागृन्ति॥

ॐशंति2शान्ती ॥

ॐनमः शिवशिष्यं श्रीमन शनीम यद् पूर्वे तः शान्ति॥ शुभं शुभं नवरात्रिम्॥

यदा पूरवेतः त्वंमातिसुन्दरी रती।

तदा किम् द्वौनासिकौपुष्पौधारती?

मौहनी मृगनयनी कृष्णौवत्ती।

हँसितं मंदैकली भौली भवंभवत्ती॥

विश्वेसंधामे मनतु शिवसंभूनामे!!! यद नानौचित्त किम्मनती?

प्राच्याभारती भाषा, अनुवादाय नानूमती॥

23 रात्रि

नमामि रात्रि: सान्ति प्रदं सयनंति सकलंजगत"
नवंरात्री दसंदुर्गैस्च महाशिवरात्रि: नमामि सतत|
यो यो जागृन्ति रात्रै च पठंती ते उत्तीर्णन्ति उत्तमं|
यो अति सयनति परीक्छा काले. ते परिणामतः पूरकं|
निशाघरं यथा शुभं अतः चरामैति निरंतरं||
कृपा कुरते नौरात्रैम्बिके, सर्वब्यापकं जगदीश्वरं||
गुरूनि हर संति, प्रज्ञा *वान दृट्वा||
राज्ञा ह् हर्स न्ति, प्रजा बाढ़ दृष्ठ्वा||
भार्या प्रैमति रूपं च धनं दृष्ट्वा||
च संसारं मोहंति शुभं कृत्वा||

24 सुन्दरी

पूर्णचन्द्र समाभाषित सुन्दरी शुभे सची|
दृस्यते सुनयनौ साधू साधनाम् विस्मृति||
कविनाम्स्वतंत्रं किमपि गुरूनिनानूमत्ति||
साधूवादंपाठक्का: शुभंरात्रिम्भवति||

25 नववर्ष

प्रणम्य हिन्दू नववर्षै द्विसहस्त्र ऊन्यासी||

स्वागतं जलं, पुष्पं,नैवेद्यं धूपंदीपं बंदनंचारती||

मन्तर माताश्री है| तन्तर है पित्ताश्री||

जन्तर गुरूदेवजी|

क्रियंमेदं ॐक्रीम्, माकालिका संति ॐ क्लीम्,

फलंमेदम ॐलंश्रीम्

ऐवं ॐऐम् संति ऐथैना वीणापाणी

तथा ॐह्रीमानंदं शंभू संभवं|||

''प्रकट देव प्रथम पूज्यं||''

कस्य? रामचरित मानसै प्रारंम्भै गोस्वामीजी लिखंति::

'' बंदै बोधमयं नित्यं गुरूम्शंकर रूपिणौ||

अर्थात् शिवं जगत गुरू|

तथापि उत्तरकाण्डे शिवपूजा सततंमाकृत्वा भगतभुसुण्डीजी गुरूम्स्वागत नाअकुरति,

फलतः शिवः अक्रौधयति|| तत्पस्चात श्रीरूद्राष्टकं श्रीगणैसति||

यत्र एकं गुरू शिवंमेस्वरं, द्वितीयं मानवंगुरूम् प्रथम पूज्यं||

अतः श्री. गुरूवैनमः||

26 नापित्

किम्माहंनामहत्त्तम!?

कदा? यूयंकुर्वन्ति चोटीलंबा|||

करौमौहं कैशाकैशासरवैशा चौटिकाह्!!!

बालाहाबालाह लट्टकंति बालागौपाला, का? बौधंतिना||
अतः नापितं गियापामी धनियावादा||

अगच्क्छामि कदा?

नूराचीहैय्यार कटिङ्ग शैल्लून यदा|
 गुड्डू ईदानीम उड्डूयंती वाहने च वादिनै|
विश्वगुरू केशंमौंडंति ध्यानावशरै बंदनं यथा चित्रं|||

किम् ना पूजयंती वै विश्व करतारं जयंती कालिका माता|

27 पूजा

आम महात्मन! प्रणाम! सुभं प्रभातं!

आशीसाम्शिन्धूश्ताम्, गज्जू गजाननं अलंकारं कृपयाकृतं '!!!

दैव वाणीम्पठिताम् स्वयंमागौरीपूजाम्!!!

य्यूनौसा कबीराश्यामनाम् नागजंहंसंमैदम!!!

त्रूटीशौधंमंसह्हायकंकंकंव्व्वैलकम

लंलंलंश्रीलक्षमैमॉ|म|||यूनौजीआम|||

अंबिकापुरै श्रीकालिकाम्बिका महामायै!'

पुरवै पठंति वर्णमालाशच पश्चिमै उच्चतर मध्यमायै!

- उत्त्रैम्महाविद्यालयैश्च दक्चिणै शौधं दशमहाविद्यायै||

संकेन्द्रै स्वरगूजै स्वयं केदारं महाकायं जगतमातै!!!

सदा वयं बंदनामहा निरंतरं पुनरापिपुनरायै!!!

28 ईश प्राप्ति

ऐकदा ऐकं मित्रं च दीरघं अप्रशनति :
''हिरन, भगवानं प्राप्तार्थं किम् करनीयं?''
मम : ''किन्चितं नं| नत्थीड्॰गं||
ते पुनरापैपरस्नति : ''किमरथं तात्परयं किम्? ''
मम : '' इदं सून्यताम् ध्यानं ''
सः '' कस्याभ्यासैसंभंवं?'' मं : ''त्राटकाय''!
ते न सकतुम् कुरूम् निजुल्लूकं सरलरैखिकं||
कथतु श्रीकृष्णा ममुल्लूकं . कस्य ते अवक्रीकृतं||
इदौ द्वौ विकल्पौ|| प्रेरणं अथवा ज्वलं||
बिना स्पर्सैं जलागारं तैराकी असंभंवं||

29 साधकं

मातापितागुरू कदापैहितमाकुरू|

अतीतै मम नामार्थे गुरूम अचित्तामि अप्रियं|

वर्तमाने बोधामि ईदं नियरै बीजमंन्त्रं जयतिम्गुरु||

ऐकदा!!! ॐ क्लीम्सःकृपा!!!!

अभवतामि एकं संस्कृत छात्रं माहासंभा अ.भा.सर्वकारा विशारदजीतरामकृत

द्विशहस्त्रा,:अठाराहा महात्तम संस्कृत कृपा!

तत्रं ततः, महामहा मंडलेस्वरा: कुलपतीनाम च राजाजना: अभवतामहागमना:||

किम मम मनः लिखतामि,

श्रीमंतं विशारद मेहराजुद्दीन मीरं ऐकं कुलपति संस्कृतं असंबौधितं पवनं प्रवाहं

आनुभवतीनाम सरवै जना:!!! दिल्लीविज्ञान भवने, दिवाशाइ ° का:?

युन्नौ?” माथा पाच्चीसाहमार्चा:!, कृपरिहँसनं, ॐ वनस्पतै नमा:!!!

31 बहुमूल्यं

महत्तम घनान्धकारमैदं|

दसंरूपियक लघुरोटिकं त्रीसत रूपिया मूल्यं||

समयशारिणी कृतिछुधाकुलं तत: क्रयमानीवार्यं||

नानानंदं यथावायुमारगै यदैर्धिरात्रौपागतं गन्तब्यं||

32 अनर्थं

श्रीमद्रामचरितमानसै सत्यंश्लोकं|

वर्गैचतुर्बौधीमहामिथ्यं| अथवा किम् वर्णार्थमाऽक्षरं इदं सखं| ञ सरलं! बालाहपठंति वर्णमालाम क त: ञ: पर्यंत|

अबंदति पूज्यगोस्वामीजी अकुरूवती तदाश्रीगणेशं|

खलं च ते अबंदती| विद्युत ऊद्दीपनै द्वौध्रूवौवानिवार्यं ..

33 कन्या

ॐ माँ|जयंती, मातै मातंगी, ऋषि मातंग कन्या वीणाधारिणी||

ॐ क्लीम्सः सारदाम्| त्वं गायत्री च सरस्वती||

वया बंदना महामाता, हसितं वीणाम्बादती||

तथाऽपि श्रीकृष्णपूजिता अंबिका कात्यायनी माता

महर्षि कात्यायन कन्या अभवती||

तदैव,

बिसंमैकंद्विगुणितं क्रमाइ०के

शिद्धिश्री लुचकीपा पुत्रीवत् अपूजियतैम्बिके महाकालिकै||

महात्मा:! यथा अधुना महातपी श्रीसत्यनारायण सैव मुनि

रायगढ़ क्षेत्रै||

दर्शनं पुण्यं च चिन्तनं शिवं शुभं ते||

श्रीयादवैन्द्रम गुरूकृष्णं गौपालं जगतसखं||

बंदनामि पुनर्पुनं मोहनं मै दर्शनाभिलासितं!!

34 सूर्यदैवः

सरवैॐऽग्नीदैवसःदेवीनमोनमः ॐसूरयायबंदनामी च सरवै
पाठक्काह् शुभं परभातं करूॐम्मी॥
मजानही आया तो सायरी पढैन् कि :
वौ जलवा, जो ना जलवा, वौ जलवा ही नही॥
ओ ऑफताब्, जौ ना ऑफत से आब, वौ आफताभ्भी नही॥
सरवैसून्यंमेदम परमसत्यं पुनरपुनं शिवं नमं!!!॥
बंदनामि सूर्यं॥ सुभं प्रभातं॥
प्रातः प्रचलनं भवति स्वास्थ्यकारं।

35 दैवालयं

दैवालयै पथं . सौभाज़ कारं॥
च सारदागृहं ज्ञा नं* प्रदानं॥

सत्यं परम धीमहि।
इदं परम सत्यं दैवं
च
सत्यमेव जयतै।
सदा सर्वदा ...जय हिन्द

जलं प्रैम तत्वं, यथा रसौ वै सः|
आपौ दीपौ भव, ॐ ग्लौ" स :||
अरथातैदम :सौभाज़ लिखतं नमो नमः
वयं करमावयःप्रतिप्रदातं सर्वः
श्रीलक्ष्मीम् तिष्ठ-तिष्ठ सुमया शिद्धिम्|
ॐनमःशिवाय लभंतव छायाम्|| इतेदं|| प्रणाम||

36 गुरुकृपा

आलौकंमीदंप्रकाशं श्रीगुरूसि सुकृपा मृदुहासं||
बरषंती मैघाहा यदा हँसंती प्रैयसं||
श्री घनश्याम प्रीते महातमं सरवै सून्यं|
महत्तम घनान्धकारमैदं|
दसंरूपियक लघुरोटिकं त्रीसत रूपिया मूल्यं||
समयशारिणी कृतिछुधाकुलं ततः क्रयमानीवार्यं||
नानानंदं यथावायुमारगै यदैर्धिरात्रौपागतं गन्तब्यं||

37 मातंगी माता

ॐमाँ|जयंती, मातै मातंगी, ऋषि मातंग कन्या वीणाधारिणी||

ॐक्लीम्सः सारदाम्| त्वं गायत्री च सरस्वती||

वया बंदना महामाता, हसितं वीणाम्बादती||

तथाऽपि श्रीकृष्णपूजिता अंबिका कात्यायनी माता

महर्षि कात्यायन कन्या अभवती||

तदैव, बिसंमैकंद्विगुणितं क्रमाङ०के

शिद्विश्री लुचकीपा पुत्रीवत् अपूजियतैम्बिके महाकालिकै||

महात्मा:! यथा अधुना महातपी श्रीसत्यनारायण सैव मुनि

रायगढ़ क्षेत्रे||

दर्शनं पुण्यं च चिन्तनं शिवं शुभं ते||

श्रीयादवैन्द्रम गुरूकृष्णं गौपालं जगतसखं||

बंदनामि पुनर्पुनं मोहनं मै दर्शनाभिलासितं!!

सरवैॐऽग्नीदैवसःदेवीनमोनमः

श्रीलक्ष्मीम् तिष्ठ-तिष्ठ सुमया शिद्विम्|

ॐनमःशिवाय लभंतव छायाम्|| इतेदं|| प्रणाम||

38 कण्डुसुखं

कण्डू सुखं महा सुखं।
कण्डू दु:खं महा दु:खं।

भवन्तुम्महंतं सरलमेदं। अतिक्लिष्टं भवार्थ साधूसंतं॥
जगः:बाधकं नानीवार्यं अपितु वर्जितं॥ सक्रियं भव भव
अनुसाशितं॥

39 बाला

पूर्णचन्द्र समाभाषित सुन्दरी शुभे सची।
द्रस्यते सुनयनौ साधू साधनाम् विस्मृति॥
कविनाम्स्वतंत्रं किमपि गुरूनिनानूमत्ति॥
साधूवादंपाठक्का: शुभंरात्रिम्भवति॥

40 शुभप्रभात

शुभंप्रभातं अवश्यं संभू यथा भवता॥
तदा तमापि शुभं रश्मि पस्यता॥
फलतः ऊच्चशौधै घनातमोकक्षा निवार्यता॥
अंदरं पलैनैटोरीयं ईदं कृत्रिमतारा मंडलाकृता॥

41 शौधं

उ+ई = ऐ?,<=> # (यदिसही), बीजमंत्रं (सिम्बल) ऐम् = अथेना ~~ ॐक्लीम्सः =>

यूबी बैने ईबी (ट्रीदैवाह्) ~~ यू+ टी + ई (ब्र.,काल,ऊर्जा,):

वर्णानामर्थ संघानाम् रसानाम् छंदसामपि

मंगलानाम् च कर्तारौ बंदी वाणी विनायकौ!!! रा∗1/1/1)
अर्थात्?

नमः कखगघ..तः ज्ञः पर्यंत||

ततः ककहराहा, क्रमसः शबदाह् वाक्यानाम् च रसछंदालंकारः ईदानीम कविताइ०गाइ०ग बंदनं हनुमंतं, सारदाम् च गणैसं नमः||

अब इसमै ऐस शी.ऐस टी चार वर्ण कहँ| से आ गया? जबकि ऐ स्वरौ ब्यंजनौ सिम्बल्स संख्या है|

ऐसै ही हिन्दी मै है 'तीन पाँ|च"!

.ढोल गवारसूद्र पसूनारी||

सकल ताइना के अधिकारी|| (सु.का.) चौपाई कहै तीनो को कड़|ई करैन्|| गलत अर्थ लगाऐ कि पाँ|चौ को सताओ||

बौलै3 नैई 5? टबला च.ढा लै, मूर्खसूद्र और गाय बैल कौ साटी चला सकते है|| इसमे महीला कहँ| से आ गई||

भैसा या बैला, गोवंशी पसूनारी है जिसै नागर साटी चला कै किसानी करिऐ|| ऐ नही कि नारी कौ सताओ| ऐसैही दुर्गा सप्तमी के सारदा मैया कौ सीतला बना दिऐ|| वौ हंसवाहिनी है|| धनात्मकं सत्यार्थं भवंतु!

---

42 कालं

दिनयामिन्यौ सायं प्रातः,

शिशिरवसन्तौ पुनरायातः

कालःक्रीडति गच्छत्यायुः

तदपि न मुन्च्याशावायुः

43 निवेदनं

ॐक्लीम्सः सारदेनमः!!!

ॐ वीणावादिनी मंदिरै राज्ञानुभवामि!!!

औम्महामाता धामै अहं जयं वरामि॥

गुरूगृहै वयं हर्षामि च श्रीश्यामगृहै श्रीम् वर्षा पश्यामि॥

च शिवालयै कपीशालयै संगीतं शोधामि॥ परंतु

हे श्रीम्मानसा दैवीमाता!!! तव धामे किम् ग्लानिर्भवमि???

प्राच्या वैद्यः ना.डी परीक्षण कृत्वा व्याधिकारणं

अशौधति तदुरान्त औपचारति॥

ईदानीम पंचना.डीनाम ई.डा पिङ्०गला शुसुम्ना गृहनाणी च वननाणी कदा चरंती?

अर्थात् मध्यम तीब्र अथवा मंद प्रवाहंति।

कस्य पस्य वात्तं पित्तं याम् कफं कुपति॥

योगं तनतापं किम् च नाणीगणनाति॥

अतःमातिमनसे त्वमेदं कृपया पस्य पस्य तै बंदितामि त्वं शुभंशुभमाति भवंति अतिर्रात्रिह्।

अतः शुभरात्रिह्। ॥

निवेदितंहम दर्सामि प्रसन्नातियुक्ता!! ईदं विश्वंमेबोधति!

सतक शैधपत्रै दसकं प्रमुख्या: प्रदर्सिता॥

यै सर्वै जना:!

अहं व्यक्तं धन्यवादं

अंततःप्रणमामि सुभं प्रभातं सर्वेसुच!,

44 त्रिया चरित्रं

तिरीया चरीत्रास्या महादैवदैवह् ::
असमबौधियत तस्य अग्रजह् ''कनु'' उदंईदंसदं श्रीकृषिणह्॥
कारणं य:काला लुटं कालातीतं कलितौ कला कलित्र:॥
तै श्रीगिरीधरह्हापि ऊज्जैणी महाकलाधीणं
सर्वै श्रीसौराहजार राग्यी बनवासी विरूद्धै सक्ती मा प्रायौगनती तत्रह्॥

यदाहं मनंमी पस्चै पठितं श्रीकान्हास्य महाप्रयाणह्॥
यद्यपि यथ: कं कथ:

आत्म्प्रसंसा श्रीगणैश: गाथा तथापि सर्वतर:

तै संज्ञ:॥

च अग्रजश्रिहलधरं ईदं अग्रजभव वरं फलत: कनिष्ठं वरिष्ठं च शब्दौतपत्ती भव:॥

45 साहित्य

एकं साहित्यः

द्वौ स्वः परः

तृयं गद्यं पद्यं संकेतं

चतुर्थं वक्तं पाठं लैखं श्रुतं

पंचं रस छंद अलंकार विषय प्रभाव

यथा मम मनः।

पाठं, लेखं, सभाकृतंब्यकतं मननं च चिनतनं।

ईदानीम तत्वाह् संस्कृत प्रसारणं कर्तब्यं॥

सरलं संस्कृतं च दुरू:गूढम् संकेतलिपि कलित्रं।

अथैना देवीकृपा लभंति गणितं प.ढितं पवित्रं॥

बकौ ध्यानं आवाहनं श्रद्धावानं लभन्ति ज्ञा नं॥

छमा छमा माम्पातु मूसकाहंपालिनी।

नमःश्रीकरणीदेवीम् राजस्थाने बिराजिता॥

किम् कर्तमानिवारयं लौहे ईन्द्रजाले चूहेपाले।

बंदी कृत्वा शौधार्थ अल्पकालै कष्टप्रदा॥

46 अषाढ़

अषाढस्य प्रथम दिवशै मैघदूतं आवाहनं कृत्वा
महाकवि कालीदासःवर्षा देवीम् अपूजयंति||

47 पूजाब्यवधानं

यात्रै भामाग्रामे च संकटै आम् शौधकार्यम्|
पूजाम् भवति अपूर्णं||
यथा सौन्दर्यंयकृतं मंत्रं विस्मृतं तथा तत्र मानसिक अश्वरं
पठितं||
श्रीताण्डवं महाक्लिष्टं न प्रहसनं ।

48 सततं प्रभातं

ॐनमःकालिकै त्वं श्रीकृष्णाय पूजितं माते कात्यायिनीनमः||

सततं सर्वे संसारे प्रभातं भवति,

यथा यथा धरा अक्छोपरि घूर्णति||

अतः सततः पूजा भवंतः तथा लभंति माता आर्या देवीम्
श्रीरामायणे

अमरीकी देशे विद्या विद्यमानं ते यः नमति||

ॐ ताइका दैत्या भयंकरी भवतीकृता
सुन्दरी परी गजदंती ज्वालामुखी तप्तवाणी च रक्तनैत्रौ
कामिनी||

49 सौन्दर्यता

ॐनमःश्री कृष्णं खंरूपं शुदर्शनं गीतापतिम्|

मधुनासौ जंबूनयनौ आम्रौकपौलौ शुधामुखं||

शुभंश्रीघनस्याम सुन्दरं सलौनं स्यामं श्याम|

कालं कलितो कलित्रं कालो कृष्णा कृपामयं||

त्राहि त्राहि वयं इस्कानं तव शरणं भवंतं||

ईदं कोरोना रावणं छद्यरूपं पुनर्पुनं||

सूक्ष्मातिसूक्छं असंख्य ऋन्गौक्ताम् बिमबाकारं|

तथाअपि नच तव तुल्य सूक्ष्म हे श्री कृष्ण: कणं|

50 मृगः

मृगस्य सत्रु: स्वयमस्य सौन्दर्यं।
मृगस्य भ्रमं स्वययस्य कस्तूरीम्॥
मृगेन्द्रस्य जालं निजश्रृन्गानाम्।
मृगौ चंन्द्रमामुनि रथवाहिनीम्॥
श्रंगानाम् मृगस्य कदापि नतो संति भारंति।
शक्ती ददाति प्राकृति तथापि उज्झलै संन्कटन्ति॥
ॐश्रीलक्ष्मीमातै जयंती गजवाहना।
सर्वदा कृपा कर्तुम् विराजितै कमलासना॥
शैषंमैक्छा धारिणीमहारं शुसौभिते ग्रीवै शरी शंकरं।
वामै विराजतै अंबे चा अंके गणपतिम्कारतिकं॥

51 सम्यकं

अद्य पर्यन्त वः धूम्रं ना निर्मिति।
तत समं मसकं दुसटं उच्चाटनति॥
अति सर्वत्राकदापि ना वर्जते।
यदि पठितं भजतं ध्यानं ज्ञा नं॥
सम्यकं सदा सत्यं सैवनै।
खनं पानं सयनं दानं॥
ॐ जयंती समय स्वरूपिणी श्रीक्लीकालिकाम्।
किम्-किम् भवंति ईदानीम् कवितानाम्?
बंदे गुरूवै मनुवै च वृक्छै सर्वै समय पालंति अतः संतं संति।
बंदे पराकृतिम् कपिम् गौ शैषं खगं चेन्द्रं वर्षं।
शुभं भवति कल्याणं आरोगयं सुख संप्रदं।

52 ब्रह्माण्ड

ब्रह्मण्डान्तः पृथ्वी चरति अतहीदंमपि ब्रंह्यलोकंम् धुवं।
कोशिका द्व्यीय अनुवानसिकं अवश्यंभवति। अतः ब्रह्मस्य
गुणं जीवं॥

सकलं कलित्रै नकलं कुरूनीयंम् तथापि लिखं भवं मौलिकं॥

यो यो दर्संति वीणावादनी विद्याशिद्धिप्रदा॥

ते ते लभंति विज्ञा नं संगीतम्श्रीम्चा॥

परन्तू किन्चित दर्संम् श्वानस्य पुच्छं,

पुन्गीअंन्तःभवेत दीर्घ कालौपि स्थिते वक्रं॥

53 शिद्ध लुचकी पा

अष्टा दस चतुर्थम् शिद्धिनाम मध्यै
ॐ श्रीलुचकीपा महाशिद्धै॥
बंदितै जगदंबिके क्लीम् कालिके शिशु रूपिणे॥
कैन कारैन कैवलं, दसं प्रतिसतं बुद्धैनुप्रयौगन्ति॥
कोवर्जति? किम ना संपूर्ण मनौयौगैन कुरूवंनति संति॥
ध्यानं इदं एक्रागतं। किम् ध्यानस्य विषयं, इदं सार्थकं॥
परम्पूज्य चंद्रमा पूर्णमदः पूर्णमिदं पूर्णात् पूर्णमुदच्विते।
ॐ क्लीम् सः श्री चंद्रहाशिनी जगदंबिके नमस्तुतै।
नवं मात्रीम् शिद्धि दात्रीम्।
यथा नवं मासोगतः जननीम्॥
कूण्डलनी जागृतिमथवा
भौतिकी सैवा प्रदायिनीम्।

54 भक्त

भक्तानाम् श्रीदेवीम् पूजियंति।

साधुवे तंत्रं मंत्रं यंत्रं कुरवंति।

वटुकाह पठंति विद्या॥

दुष्टाह द्यूतक्रीड़न्ति च विष्फौटंति॥

गजाननागमनाय श्वानबृदं भुक्किंयंति।

यथा त्यौहारै दुष्टा रूष्टा युद्धंति॥

ॐ शुभं लाभं रिद्धिम् शिद्धिम् सः श्रीगणेसं।

इदं करोना खलं छद्मरूपं पुनर्पुनं॥

सूक्षमातिसूक्छं असंखय श्रृङ०गोक्ता बिम्बाकारं।

त्राहि त्राहि भवंतं वयं तव शरणागतं॥

यथास्तु तथासतु तव कथा वस्तु।

श्रीईन्द्राणी मैघै अन्नं बर्षतु॥

गौर्थातात्मा श्री कृष्णा गौ चरन्तु॥

यदि प्रतिआगत कोविडं प्रतिबंधनं भवंतु॥

55 सदगुरू कबीरः

आदि ईशं भवति आदेशं आम् अर्थात् तवं सत्यं||

इदं सत्यं संकटं सनातनं हिन्दू धर्मम्|

असमानता असंगठनं अपत्तिजनं च आक्रान्त संतं||

संज्ञा गोपालं परन्तु संतिअशौधं अबोधं गौत्मा गो न पालं|

मौक्छं कुरुति सदगुरु कबीरं अतः नावतारं|

कालनिरंजन अष्टाङ०गी पूजितं

च जपी रामं तस्य गुरू मंत्रं||

अतः तैपि मानवा| मयूर्पक्छाशिरोशुसोभिता| अतः श्रीकेशवः||

मृदुहास्यमुखं तैति कमनीयं अतः मोहनः||

गायंन्ति गीतै तैतिप्रीते गुरुम् श्रीकृष्णः||

श्रमिका: कृषका: बाला: गौपालका:!

हठी तपी माता यात्रारता भोगै रोगे च||

न्यूनाधिकं योगं कुरू यथासंभवम्|

किमिदं ध्रूवंमना संशयं||

56 जैव कणं

भूतः इदं श्रीकृष्णेन् वदं जैवकणः।

हृदयैसे तिस्ठति अर्थात् ते चित्तै विराजति॥

यः ईशः मा कथः कैवलं मानवः।

सर्वे भूतनीनाम् ऐकं ईशः भवति॥

अर्थातात्मा ना केवलं मनवै परन्तु सर्वे जीवै ईसंच व्याप्ति॥

आकास तत्वः सर्वे भूता: मस्तिष्कंमस्ति।

ततः कौरोणाकणं अपि नवीन रूपं कायान्तरति॥

हँसितं संता: स्वयं भगवंता:

तै धन्यः धन्य: ये ईसं भजन्ता॥

किम् भारं दैवकणं किम भारं च जैवकणं??

तान्त्रिक उच्चाटनति भूतकणं।

भगतं आवाहयति श्रीकृष्णाकणं पढम्पढम्॥

57 मद्यं

मद्यं श्री लक्ष्मीम् भ्राते! अतः महाकालस्य प्रिऐ।

मा विक्रयति पथै पथै, नयूनं क्रियति बलवतै॥

तथा मद्य बनिकं भवति धनिकं, च सर्वैं ऑङ्लौषधियै

विद्यतै॥

मँ।तै कालिकाम् तव कृपा प्रसादं

अहमाति शौभाज़वंतं॥

मम गुरुम्साक्छात् गोपालं॥

मातृकैकैयी अविनिर्मिति रामंमीश्वरं।

मम गूरूम्मै वैज्ञा निकं॥

यथा महापुरुषाह् कुत्र लभंन्ति? केवलं सुकृपा श्री

श्यामंमनंतं॥

58 भ्रम

सखामहाभ्रमन्ति चरन्ति प्रतिकूलाम्॥

अतः ऐकं लैखं द्वौफलंम् लभं गोपालं चद्वैसौच्चाटनम्॥

यथा परमाणुवे इलैकट्रानाह् भ्रमन्ति,

तथा नवग्रहै सूर्यस्य परिधिह् परिभ्रमणन्ति॥

आदेशं शिवा अनंतं कृपासिन्धूम् गुरैशं विभुम्।

अथवा यः ईशकणं सूक्षमातिसूक्छं॥

त्रीबारं संस्कृत महासंमैलनै व्यक्तब्या अकथामि॥

अलभामि गुरूनि, पंडितानी स्च शौधौपाधी प्राप्तामि॥

59 सरहुल देव

त्वं किम् बोधति? मम मित्रं श्याम स्वरूपा॥

यै जनाहान्तरै प्रज्वलन्ति ते मन्डूका अंतः कूपा॥

श्रीदैवंमाग्नी सुसैवंती संती शीतास्वासं कृता॥

नाचा मौरो सूप्पा। काल्लू भूत्त झूप्पा॥

सरगूजिया दैउत्ता बसै सरई रूखा॥

चढ़|के दारू मोर्गा, झूप्पा झुपझुप्पा॥

सरहुल दैऊता कै हौय नैउता, संगी माना करै" पूजा॥

60 रासनृत्यं

कलित्रो कालौस्मैशं श्रीगीतेशं गोपालं।

मम गणितं प.ढितं तस्य कृपोत्तीर्णम् कृपालं॥

ॐ नमः गौबिन्दाम्, प्रदाम् पूङ॰गी वादिताम्॥

पूर्णंचंन्द्राभिराम देवाह्भवंति देवीनाम्॥

शरदरात्रे श्रीकृष्णाकैन्द्रै बृन्दावने नृत्याङ॰गणाम्॥

यदि गीतागंगोदकं पीता पुनर्जन्म ना विद्यताम्॥

तताह् अरूचि भवता पूरणं क्रियं आम् कस्य संम्पूर्णताम्?

61 सूखं दु:खं

सूखं दु:खं कैवलं चिनतनं||

समय व्यर्थी मनु: सुखंदु:खं विचारिणं||

हलं जूतन्तं कृषिकाय कैवलं करमं ना सुखंदु:खं||

तपैओपवाशै सहर्षम् कष्टम् सहन्ति तै भवन्ति सुखं||

हरी6! हेहरी3!! चारा काट कै कहँ| धरी?

बछुरी कोउ चरणा सिखावणा|| बाकी बेगारी के काम करी||

प|च शिवतीर्थ किऐ पाचौ धाम सै लैआऐ

ऐकमहा दैव कै पाचो पूजा सबको मनाऐ||

आशा ईदं दुष्टं तृष्णा| निराशा ईदं श्रीम् कृषणा||

'''मोह सकल बाऱधी कै मूला|

ताते पूनि ऊपजै बहूसूला|| " किन्तु क्रीया इतिश्री आकृष्णा||

सरवाइभयौ जैयम् श्रीराम:ह:ह: जयं श्री हनू मंतं जयं हनु मंता! भक्तराजोकपीसः सरयूतटै सैवाकालै अआइईउऊ

अन्नूभवतान्नू : यदः किम् लघूम् भगतं भवंति संति?

अद्यतः बजरंगबली सदैहः वर्तन्ती?

तै कैवलं जपंति संति रामरामराअरंररं अंनंतंमंनंति||

बसन्ती, ततः कपीसस्य रोमे रौमे श्रीश्यामः बसंन्ती!!

मंदं हसंति कपीसः अशान्तिमासंतिम् भवन्ति भजनंम तीब्रं रं रं संति||

साहेब कबीरं च हनूमंतं भगतौ द्वौसमं भवतौ||

ऐकम् निरगूणि रामस्च अपर श्रीश्यामसुन्दरं भंजंतं कैवलं|

अतः नान्तरः सप्रैमै एकीकरणीयं अस्ति||

62 ऑन्गलभाषा

वयंमँ|मिथकं सत्यतः ऑन्गलाभाषीनाम्
भाषितहार्ध स्वराथवा ब्यंइय्जनं बिल्लौपंथी||
प्रयौगंन्ति वाचा संकैताचा शुभैधवलहस्तौ भवःभवंन्ति||
किमपि वयं पूजितं पश्चभाषानाम स्पष्टं ऊच्चारित्व
प्रत्यैका*क्छरं बदंन्ति लैखंन्ती||

63 सयन:

ध्रूवः सत्यः भौमंण्डलै असंभवः पूर्ण निर्वातः||

तथापि विद्या बदंतै निर्वातः अंन्तरिकछः द्वौ ग्रहौ मध्यतः||

गहन सयन: नैनौपटः ना विश्रामः अपितु कार्य पल्ली
परिवर्तनः||

वाह्यकृति सयनः किन्तु अन्तः कृतिकार्यः यथा पाचनं
ऊर्जोत्पादनं संचनं यः||

ततकारैण गहन निद्रै तीब्रं स्वासै चरंन्तौ यथा धावितः||

अतः अनिद्रै नाशुभः|| तंत्रै निद्रादैवी स्वयंम् प्राकृतिक
समाधी भवतः||

यथा मंनतामहं निद्रदैवीम अवाहं सस्वापना कान्हा
कालाघना दर्शतः||

64 ज्ञानं प्रदानं

हमैसर्वाधिकंम्मातै हेवीणापाणी नमामीम्।

नूनं ज्ञानं प्रदानं कूरू कूरू ये ग्यानीन प्रानीन॥

मम कृष्णा क्राईष्टंम् भंवंती अगम तस्य क्रीम्॥

यतःकालै तै समबौधष्यंति साहेब सतनाम अस्ति सत्यनारायणश्री॥

ततः कालै ते सक्तुम सत्यतः आत्मं ब्रंह्मं अन्नूभवानीम् यदि कृपा गूरूजीम्॥

ईस्माईल्ल डॉट कॅ|म का नाम घन्नश्याम॥

ईशरौ डाट काम घमासान ए साहिबी घनसाम॥

राम रीम् रौम ईदं पॅ|म पीम पोम।

अत्र आक्रॅ|म ॐ पारवती मॅ|म॥

संति भवंति रसौ वै सः सौमंम् भवाम अट्टाहासंम्॥ हः हः हः॥

तत्तापस्चत्त श्रीकृष्णं तीब्रातीतीब्रंम् जपंनतह : "कल108!!!"

65 जंन्ता अजंन्ता

जंन्ता अजंन्ता हिलौरा अधरौ दरषंन्ता दन्ता||

प्रहसंन्ता हँसंन्ता प्रस्नंन्ता किम् जोॲग् ऊर्जा, दूरभाषाय

कृतै विद्युत, वटस्य पत्ता||

कृपि: विचारंन्ता

किम खद्यौतस्य आलौकै जगंन्ता

त्वंम जगंम् जूगूनूप्रकासै बिलौकन्ता संता||

यदी नैनौ विद्यूतमापी यंत्रा उपलब्धी (अरबंम् भागंम् मंत्रा,

इदं अद्यंन्ता पूर्वमहाविद्यालयै विद्यमंन्ता)

दरसति विद्युत मात्रा त्रीअंड्ंका||

ईदं अश्वत्थस्य ऐकसवासतंम् नैनौऐमपियरा प्रियंका||

ॐ ह्री, काली कपालिनि भक्त प्रतिपालिनी

विश्वजंन मौहय् मौहय ठः ठः ठः स्वाहा||008 '!

ॐ ह्री, काली कपालिनि भक्त प्रतिपालिनी

विश्वजंन मौहय् मौहय ठः ठः ठः स्वाहा||008 '!

ॐ ह्री, काली कपालिनि भक्त प्रतिपालिनी

विश्वजंन मौहय् मौहय ठः ठः ठः स्वाहा||008 '!

ॐ ह्री, काली कपालिनि भक्त प्रतिपालिनी

विश्वजंन मौहय् मौहय ठः ठः ठः स्वाहा||008 '!

ॐ ह्री, काली कपालिनि भक्त प्रतिपालिनी

विश्वजंन मौहय् मौहय ठः ठः ठः स्वाहा||008 '!

ऐमाँ|ते की भँ|लोछीलो, तूमी वॅरदान निकाली|||

ताइपोडे. आमी की बौलछी, ऐगौ भूतनी लागै भालौ ।

ॐ क्रं कामरू कामाख्या विद्महे, उमानंद प्रियाय धीमहि, तन्नो कामाख्या प्रचोदयात्॥

आयातु वरदै दैवी मैया, नीलपर्वत वासिनी।

तवं नमामि वरदे विद्या, कामाख्या कामरूपिणी शिवा॥

दैवी बिलासा तंत्रविद्या महामाया नमस्तै यौनिमुद्रा च।

शिवा ब्रह्मपुत्र महासरिता तटै तव मंदिरं स्थिता॥

ॐ भुवनैश्वरी महादैवी, सूर्यमालाम् रूपिणी॥

ॐ माते त्राहि वयं वैरौचिनी च निवाशिनी रजरप्पा॥ ॐ माता कालीतारा ज्यैष्ठाबगला मातंगीकमला च नमौ नमः दशःमहाविद्या॥ ॐ भाष्कराय नमः ॐ सूर्यपूत्राय नमः ॐ श्री रामभगताय नमः

त्रिदैवाह् गृहिणीनाम सहितं बंदित्वा च मातेकालीकालं नमः॥

श्रीअथः पृर्णामिदः यूयंसुकृपाह् :॥

इति श्रीम् स्वयं अथस्य अस्य मातृम्मातिह्॥

ॐ क्लीम् सः वयं मननव: विद: न्यूटनः मंत्रिह्॥

शनैह् सः कपीसकृपः किम्?: बिलंबः कृति:

ततकालः भवः! पूर्णमिदं भवति श्रीगणैशं।

च चरन्तः॥ भैसवर्षा द्वोदिसौ अपि भंवंतः ईदं नूटन मतह् ।

अन्ततः महिषवाहनहँस्ती ईदं ध्रुवः॥ पुनरपि सरवै नमामि च शुभः सारदं आवाहं आनंन्दः॥

रसौ वै सः भवतः नमौ नमः॥

ईदंगूरूवाणीम्मायुष्मान भवः चैकंकथंति खुसी रहः। नमतः महाभागे

डचःगुरु पश्चैसंतः तै जैयैशू (जैशिव) कथतः हस्सितं हस्तै आशीषः।

66 सहगायनं

जै जै शिया राम 2 संकट मौचन जै हनुमान॥

सौ बार हौगै होगा भगवान

है कि नही लगौ अनुमान॥

बौलै बाबा बजरंगी, मोहि कपट छल छिद्र न भवा भजॉन॥

भजनै किन्चित्त जनः महासजनः चातिदैव पुरुषः

परन्तू किन्चित्त मनः ॐगानै गिरा गाणू॥

च किन्चित जनः कं क्रामं।कैकं बिगाणू॥

श्रीहनुमंतः रं रामायणंम् मम गाणू ततः सम्हाणू॥

किन्चित जनः महामहार्मित्रं खं सखं बं बड़का बाणू॥

परणामस्.च जै शिया राम...!!!!

छमातंत्रं जयं मंत्रं त्राहियंत्रं ॐमातृ उमा॥

छूमंतरं फट स्वाहावती नमस्ते महाकालिका॥

यदि कृष्ण मरजारं कर्तनति पथं, कालिका मंत्रं जयप्रदा॥

67 आनंदं

खं आकासं च धरा कलित्रं कालं क्लार्क सारिणीम् ऊच्चतं॥

आत्मानंदं, परमानंदं,ब्रह्मानंदं च।

इदानीम सुखस्य भेदं क्रमसः

स्वार्जितं जगताय प्रापतिम् दैवप्रदततः॥

68 फरशुराम

ॐ नमः श्री हरैवतारं महामुनैश्वरं फरसूरामं॥
रामायणै रमंतंमतिलोकप्रियं श्रीलक्ष्मण सःसंवादं॥
ईदं यत्र तस्यावतारं सदाशुभं॥\\

69 कार्यचोरः

कर्म चोरस्य अस्य सूत्रं : अति सर्वत्र वर्जनीयं।
तथा मूढबुद्धैदं मंत्रं :संतौषं परम सुखं॥
ॐ जयंती समय स्वरूपिणीम् ॐ क्लीम्सः कालिकाम्॥
किमकिम् भवनति इदानीम कवितानाम्?
श्रम दिवसं किम् बौधंति जना:?
श्रमिकाह् पुष्पमालालंकारिताह्॥
अथवा सर्वै श्रमिकं भवन्तु, घोर कर्तव्यं निजकारयाह्॥
दृश्य पश्य शिषयानाम, गुरुवै ज्ञा नं परीक्ष्छिताह्॥
गुरुकृषणं कुरुते तथापि श्रद्धा माया मरीचिकाह्॥

70 कोविड रोगाणु

कौविड कालै रौगाणु टीका करणंमतैनिवार्यम्॥
प्राचीनकालै राक्षसाह् अभवन्ति अति विशालं॥
अधूना सूक्ष्मतिसूक्छं रोगाणुम् यथा कॅरोनं॥
अद्य निरक्षरापि बोधंति किम्मेकान्तं?
 किम् निर्जैवीकरणं? घुन्घटं किम् मुखं पट्टंमानिवार्मयंम्॥

71 परिचारिका

श्रीकृष्णमंत्रं श्रीकृष्णयंत्रं श्रीकृष्णयतंत्रं
श्रीगीता गंगोदकं पीत्वा लभं लभंती गिरिधरंत्रं॥
ऐकदा ऐकंदेवी वायुयान परिचारिका अनिर्दंसति
: ''कृत्वा छत्रं पैरासूटं कूअवसरै ऊड्डायानं कुरुते जीवनंपाहि
कुरु कुरु सर्वे यात्रीनाम शुभंमस्तु॥
वयं उड्डानं कुरूवंति श्रीगणेशं॥ रसं संतरं पीत्वा सुखिनः
भवन्तु सर्वैसः॥
तस्मै ददाति धनं पदं मानं च विज्ञा नं सः।

72 अहिन्सा

नमामि माते नर्मदे, जयंती नर्मदा ग्राम||
माती अददाति पाती असंख्या शिष्यानाम्||
ॐ सर्वजनेसु मनै: स्थितः श्रीपरमात्मनै नमः|
दृश्यं कथामि माता प्राकृति लघुत्तम शिसुवै महत्तं
प्रतिपक्षति||
ईदंकारेण मानवीयतार्थ कुरुवंति सनेहं अतः न भक्ष जीवं||
किन्चित ज्ञा नीम् कथंति : " जीवं जीवनस्य भौजनं "
किम्ना अलिखियति जीवं मानवस्य भोजनं| मनुह् पतितः
जीवः जीवं खादं|
परन्तु श्रेष्ठंजीवनं मनु जीवभक्षड़ वर्जनीयं||

73 हलो

ह=हनुमंत, ऐ= भगवंत, ल= लक्ष्मी, औ = स्वागतः|
दैयारफौर, लभ टू सै
हैलौ शियौर...
ह=हनुमंत, ऐ= भगवंत, ल= लक्ष्मी, औ = स्वागतः|
दैयारफौर, लभ टू सै हैलौ शियौर...|

74 स्वानं

सवानः पालितं पण्डितं नर्कं गच्छति,

च च च धेनू पालकं स्वर्गं गच्छति॥

सत्यं परः तंत्रै स्वानः श्री गौ समं भवति॥

सर्वे त्री श्री कालं काली कृष्णकुण्डं किम् कलति?

ऐकं ललित जिभ्याह ललति।

पाषाणग्रामै अंतर्गतै ऐकं किलकिला नामक् सरिता, ग्रामः च मंदिरं अपश्यामि॥

तत्र मॅ काली किलकिला दैवी भवति भवानी

नमः ॐक्ली सः नमामि॥

नादयौगं अश्वतालै महाध्वनी किम्कारणं कुरुतै नमः॥

मंमार्थ भवंभवानी, महा-महा हास्या लाफटरम आट्टाहासासी॥

यदिमँ।परार्थम् अकुरूक्रौधं॥

भवंतू भवानी हँसन्तू गियानी लभंति सुताहा महामायासि॥

75 भागवत नीति

शास्वत नियम इति नीति:।
परिष्कृत विधि: अथवा रीति:॥
चत्तुर्पुरुषार्थ प्राप्तार्थ राजधर्मस्च संमतं
स्वजनाय हितं समाहितं संविधानं इदं नीतिम भवति॥
श्रीमद्भागवत पुराणे, राजनीति, धर्मनीति, कूटनीति,
युद्धनीति, अर्थनीति, परिवारनीतिस्च वर्तन्ति॥
इदं महापुरणः वान्ग्यमय स्वयं श्रीविष्णूवे स्वरूपं भवति,
तस्य वाणी श्रीगीतोपनिषद प्रस्फुटिता। भारत वर्षे श्री
वैष्णव महाग्रंथ श्रीमद्ब्रह्माभारत: चापि नीति बचनं सविसतारं
समाहिता।

यथा श्रीकृष्ण नीति, श्री विदुर नीति, श्रीभीष्म नीति, श्री
कर्ण नीति शकुनीनीतिस्च।

श्रीमद्भागवतपुराण:, श्रीमन्नारायणस्य संपूर्ण चतुर्वीसं
अवताराणाम् वर्णति॥

यद्यपि द्वौ ऐकं तथापि मर्यादापुरुषोत्तम श्रीरामावतारं
तथा लीलापूरुषोत्तम श्री कृष्णलीला विशेसौ भवतौ॥अतः
श्रीरामनीतिम च श्रीकृष्ण नीतिमन्तरं ब्याख्या ईक्छामि।**
यद्यपि नीतिम् दैशं, कालं. कुलमानुसारे परिवर्तन शीलं॥
अपरिवर्तनीय नीतिम् इदं संकल्पं अथवा ब्रतं विख्याति।

यथा महाभाग भीष्म: तै तस्य तातार्थ सुखाय अखंड
ब्रह्मचार्य ब्रतं अकुरोति।

प्रैमाभ्याम् युद्धाम् च सर्वाचतं संति। इदं श्रीकृष्णनीतिम्
अथवा भवति कूटनीतिम्।

उदाहरणार्थ रणछोणः बाली उद्धार कर्तुम्च प्रशिद्धिः।
श्री रामः नीतिकृत्वा खरदूषणस्य सेना संघारार्थ माया
अकुरुवंति।
राक्षस* यौद्धाह् परस्परं श्रीराम दृष्ट्वा अप्रहारंति च मौक्छं
अभवंति॥

मित्रनिष्ठा, दानशीलता, वीरता च ईदानीम् श्रीकर्णनीतिम्।
तटस्थ धर्मानुकूल राजनीति श्रीविदुरनीतिमस्ति।
परन्तु अनीति अथवा कुनीतिम् छलं कपटं इदं
शकुनीनीतिम्।
राजनीतिम्ः सामं, दामं, दण्डं च भेदं चतुर्भेदनि भवंति॥
सामं अर्थात् समझौता, दामं अर्थात् छतिपूर्तिह्, दंडं अर्थात्
दमनं बलपूर्वकं च भैदं अर्थात छल कपट पूर्ण ऐन केन
प्रकारेण कार्य शिद्धिमस्ति॥
सत्य, अहिन्सा,यम, नियम, संयम, ब्रतं,पूजं, ऊपासनं
ईदानीम धर्मनीतिम् संति।
अर्थनीतिह् अर्थशास्त्रै श्रीकौटल्यनीतिम् प्राख्यातं।
श्रीमद्गीतौपनिषद अंतिम श्लौके उपदेशति :
यत्र योगेश्वर श्री कृष्णं यत्र पार्थो थनुर्थरः।
तत्र श्री विजयो भूतिर् ध्रूवौ नीतिर्मम,॥

76 विवादं

❖

प्रसाद खिचरी पक रही, हर जगै अपनी अपनी॥

किसी की ग्रहणपूनौ, तो किसी की पूनौ धनी॥

दशमैश जयंती से लैकर, साहैब हूजूर जयंती॥

यथायथा भवंती मान्यता, तथातथा तै पूजंती॥

सर्वैसमयौपयौगीता, सर्वैसंताहसन्ती॥॥

गनितंकिन्चितदुष्टारूद्रंति च रौद्रन्ति॥

एम पी ए क्रिश हिन्दू, यू पी ए मुस्लिम हिन्दू, मराठै
बुधहिन्दू सौराठै कबीरी हिन्दू युद्धंती॥

सना-तन्नान्तर्गत उच्चा- दल्ली-तच्चा विवादंन्ती॥

अहंकैवलंसत्यं? किम्ना सरवै सत्या उपरि ताथ्या वैदैतीहासं
किम्ना पालंती?

न्यायं ना सर्वै सुखिनो भवंती परन्तू सत्यं साछ्यं सर्वदा
जयंती॥

77 विशवनाथं

ॐमनम्माशीवाय बाबा बंगाला काशी विश्वनाथाय||

कनफूजिया दियै ऊज्जैनीजी, एकसंत ज्ञा नी.कि ज्ञा नब्यापी धराकैन्दराय||

ॐ? नमाशिव्वा कै नाव...टीवी मॉ| काव काव||

गूरूर्संगी संत भुसुन्डी, सब संतन कौ बनदाव||

कालसमैकेन्द्रंमोज्जैनंम्च त्रिसूलं धराकेन्द्रं काशीभवं भवाय|

प्रबौधं? इदं सशाक्छाह्* सुबौधं यथैदं ज्यौतिषजननीश्च श्रीश्यामस्यविद्यागृहाय||

ॐदीपंनमः ॐआपौ दीपौ भवं ॐज्योतिह् सूर्यो स्वाहा भवं ॐ सूर्योज्योतिह् स्वाहा भवंभवाय||

ॐ चंन्द्रमा मनिषौ आ जाय ता?

ॐ सूर्यौ ज्योती आ जाय ता?

हुहुहँहँ श्रीकान्हासपथाय|ऽनंदाजाय औंऽका!!

78 दशमेसं

ॐनमःअरिहंतायॐनमःशिद्धायॐनमः बौद्धाय
ॐनमःश्रीकृष्णाय।

पूर्णमदःपूर्णईदं पूर्णात पूर्णमुदच्यते॥ पूर्णस्य
पूर्णमादाय,पूर्णाय पूर्ण मैवाशिष्ते।

ॐपूरणंदर्भि परापत सुपूर्णा पुनरावत् विष्णोर्वहिज्र्गर्वंग
सतकृतौ स्वाहा॥ (गायत्री!!!)
ॐसर्ग्वं पूर्णग्वं स्वाहा!!!

अर्थात् वयं सर्वै (द्वौदसम)पूर्णाः भजंति, सूर्यायनमस्चा!!!

अहमाश्चर्जंम्भवामि श्रृत्वापठित्वा जनाहृग्यानी संति।
दसविद्याकालं अजंता हिलो-राः च अजंती दसमैसं भवंती!!!

इदौ द्वौ क्रमाङ॰कंम्सचभेदं कृष्यकृष्यकृष्य कृतंमिदं
श्रीकृष्णं तवैदं धंमं जयंती॥

बुद्धंजी सर-नामजी गच्छा........मी।

धंमंजी सर्णंजी गच्छामि....!! काण्हाजी गौपीजी भज्जामी।

79 देवानी

ॐहूम् ||| दैव्वानी3....!!!   ॐभवानी 108!!!

तवा कृपया पश्य-पश्य मैघाच्छादनं यथा श्रीगूरूकृपा||

त्रीयाश्याश्रीमुखै बशशिश्रीश्यामहःहः पद्मनैत्रौं श्रीलंलछम्मी बसिशी सदा||

ॐलंलं तं कृपा प्रसादं षौड्सौलाइ॰कारं प्रदा||

लं16!!! ॐलंलछ्मी मम मातं बंदन 108!!!

जयंती जयंती नौदूरगा दशविद्या सर वत्रं सर्वदा||

ॐक्लीम् सः||

80 वार्ता

महादायी कै दया सै हम भी टीवी न्यूज||

बनै तनै जउनै, पै, दूज के चंदा पूज||

नहि तौ ब्याकरण बुक, बस्ता मे लो साथ||

साहेब बता   आरसी क्या है, कंगना के हाथ||

श्रीबजरंगबली सः सरवैचना पूजितै दंपति सुखी भवताम्||

सूर्यसुताय सर्वैचना रामभक्तस्य बामाङ॰गैति शुसोभिताम्||

पुनर्पुनर् बंदितं भजावयः जयश्रीराम् ||

81 पदावरौध

काम धाम कुछ है नही । कैवल खीचौ टान्ग॥
अंदर लावा ज्वाला मुक्खी के, होठो पर मुस्कान॥
ऊससै आच्छाबैरी मूहँ फुला लै करै नमस्तै बंद ॥
सीम्पल ऐण्ड जिद्दी घनश्याम को पसंद ॥

82 मित्रचरित्रं

सामित्रं चरित्रं अतिसय विचित्रं॥
ज्ञा नंति दैवा: नापरं कवित्रं॥
पूजार्थघृतं कलित्रं ईदानीम मनौहरं सुचित्रं॥
ॐनमःशिवाय औघड़दातुम् अत्रं
पंचशौधौपाधिनाम धारित्रं॥

83 महनगरं

छि: नानंदं मातजामूनै दृष्टंदिल्लीनगरै।

नादरंमनाकादरं कैवलंलक्छीमवाशरै॥

तापायनंकालै भ्रमणं उच्चतं तः पस्चिमै निमन्तं माध्यमे तव वरै॥

तदपि अतिशुभं शारदारूपं महती ममतामयी त्वं मैहरै॥

ॐवाचा तवपादपंकजपूजितं भवन्ती सुखै संसारै॥

सामित्रं चरित्रं अतिसय विचित्रं॥

ज्ञा नंति दैवा: नापरं कवित्रं॥

पूजार्थघृतं कलित्रं ईदानीम मनौहरं सुचित्रं॥

ॐनमःशिवाय औघड़दातुम् अत्रं पंचशौधौपाधिनाम धारित्रं॥

84 पर्यावरणं

किम्,महामानवौ!!!माहौल बनाओ ईन्वीरौनमेन्ट दे है||
कि महादान वौ!!!
माखौल ऊड़|औ ऐकै परैल डै है||
या तौ ऐनटीना के पार है| या दिल कै पैदल यार है||
वकत्जी भला आपकै क्या ईरादै है?
हीयार ओप्पौ जीत्तो? टैटैटैटै, ईफ हाई राईटै||
टर्राई डैनटी डौमीन टैटरैडै!!!
लिषन ॐ...नं शिवं :
‹›जौ तपकरै कुमारि तौहारी|| भावी मैट सकै त्रिपुरारी||
करै ऐक टैक! दैटीज करैक्टैड डै||
ऐ देऊताऐन् ऐ पर्वते ऐ नदिया ऐ धरती कै नजारै यै पत्थर
ऐ सँ|प,
ऐ पैड पौधै और पराऐ जौ गुरू गुरूभ्राताऐ है |
सब मुझै पलकौ मे बिठा के तोहफा दैतै हैन्||
मगर अदद खुशी कै लिऐ मैरै नजदीकियौ ने तरसाऐ हैन्||

85 अनर्थ

बीजमंत्रं (सिम्बल) ऐम् = अथेना ~~ ॐक्लीम्सः =>
यूबी बैने ईबी (ट्रीदैवाह्) ~~ यू+ टी + ई (
ब्र.,काल,ऊर्जा,):

वर्णानामर्थ संघानाम् रसानाम् छंदसामपि

मंगलानाम् च कर्तारौ बंदी वाणी विनायकौ!!! रा∗1/1/1)
अर्थात्?

नमः कखगघ..तः ज्ञ: पर्यंत॥

ततः ककहराहा, क्रमसः शबदाह् वाक्यानाम् च
रसछंदालंकारः ईदानीम कविताङ॰गाङ्॰ग बंदनं हनुमंतं,
सारदाम् च गणैसं नमः॥

अब इसमै ऐस शी.ऐस टी चार वर्ण कहँ| से आ गया?
जबकि ऐ स्वर ब्यंजनौ की संख्या है|

ऐसै ही हिन्दी मै है   ‹तीन पाँ|च" !

.ढोल गवारसूद्र पसूनारी॥

सकल ताड़ना के अधिकारी॥ (सु.का.)
चौपाई कहै तीनो को कड़|ई करैन्॥
गलत अर्थ लगाऐ कि पाँ|चौ को सताऔ॥

 बौलै3 नैई 5? टबला च.ढा लै,
मूखसूद्र और गाय बैल कौ साटी चला सकते है॥
इसमे महीला कहँ| से आ गई॥

भैसा या बैला, गोवंशी पसुनारी है जिसै नागर साटी चला
कै किसानी करिऐ॥

ऐ नही कि नारी कौ सताऔ|
ऐसैही दुर्गा सप्तमी के सारदा मैया कौ सीतला बना दिऐ||
वौ हंसवाहिनी है|| धनात्मकं सत्यार्थं भवंन्तु ॐक्लीम्सः
सारदेनमः!!!

86 श्रीगणेसः

डिबौटी : "ॐ..... गरभादामाजास...गरभधं....|"
श्रीगणैशजी : "'बच्चा सट्टाप? दी मीन कीमीदं???"
 डिबौटी : आप ब्राहमाण्ड के कैन्द्र मै आकाशगंगा,
ईसके केन्द्र मै सौरमंडल, ईसके केन्द्रमे धं धरती मैया है!!"
 श्री गणैशजी ग्रैसिड़ंग:| "औकेऔके कैरीऑन...|'

87 श्री कृष्णः

श्रीकृषिणह्।। जयं त्वं श्री कृष्णं गिरिधरं बंशी बादकं।।
सुमयूरस्य सुमनं सिरं सखैसं सरवैसै स्यामं,सुन्दरं, ॐकं।।
बंदे बन वारी पंकजौपादकं।।

ब्रंगोरैछाय्यूयं तजंम्मुर्ली फरसूधरं श्रीरामःईस्कॅ।न जगतबंदितं।।
ॐ नमः वीणापाणी दैवं!! हैदेव: यः, तवकृपामेदं
ऊत्तीर्णम्दैव वाणी विशारदौपाधिहः ।।

जयं त्वं श्री कृष्णं गिरिधरं बंशी बादकं।।

सुमयूरस्य सुमनं सिरं सखैसं सरवैसै स्यामं,सुन्दरं, ॐकं।।

बंदे बन वारी पंकजौपादकं।।

ब्रंगोरैछाय्यूयं तजंम्मुर्ली फरसूधरं श्रीरामःईस्कॅ।न जगतबंदितं।।
ॐ नमः वीणापाणी दैवं!! हैदेव: यः, तवकृपामेदं
ऊत्तीर्णम्दैव वाणी विशारदौपाधिहः ।।

कारणं यःकाला लुटं कालातीतं कलितौ कला कलित्रः।।

तै श्रीगिरीधरहहापि ऊज्जैणी महाकलाधीणं

सरवै श्रीसौराहजार राग्यी बनवासी विरूद्धै सक्ती मा
प्रायौगनती तत्रह्।।

यदाहं मनंमी पस्चै पठितं श्रीकान्हास्य महाप्रयाणह्।।
यद्यपि यथः कं कथः

आत्मप्रसंसा श्रीगणैश: गाथा तथापि सरवतरः

तै संज्ञः।।

च अग्रजश्रिहलधरं ईदं अग्रजभव वरं फलतः कनिष्ठं वरिष्ठं
च शब्दौतपत्ती भवः।।

हे श्रीम्मानसा दैवीमाता!!! तव धामे किम् ग्लानिर्भवमि???

88 ना.डी दर्शन

प्राच्या वैद्यः ना.डी परीक्षण कृत्वा व्याधिकारणं
अशौधति तदुरान्त औपचारति॥
ईदानीम पंचना.डीनाम ई.डा पिङ्०गला शुसुम्ना गृहनाणी च
वननाणी कदा चरंती?
अर्थात् मध्यम तीब्र अथवा मंद प्रवाहति।
कस्य पस्य वात्तं पित्तं याम् कफं कुपति॥
योगं तनतापं किम् च नाणीगणनाति॥
अतःमातिमनसे त्वमेदं कृपया पस्य पस्य तै बंदितामि त्वं
शुभंशुभमाति भवंति अतिर्रात्रिह्।
अतः शुभरात्रिह्।

89 माँकाली

हे श्रीम्मानसा दैवीमाता!!! तव धामे किम् ग्लानिर्भवमि???
ॐकलीम् सः!!! अर्थात्..
मैया काली ही सारदा है॥
स्वामी विवेकानंद यथा है॥
उनकी महान कथा है॥

90 ईर्षा

त्वं किम् बोधति? मम मित्रं श्याम स्वरूपा||

यै जनाहान्तरै प्रज्वलन्ति ते मन्डूका अंतः कूपा||

श्रीदैवंमाग्नी सुसैवंन्ती संन्ती शीतास्वासं कृता||

कलित्रो कालौस्मैशं श्रीगीतेशं गोपालं|

मम गणितं प.ढितं तस्य कृपोत्तीर्णम् कृपालं||

सखामहाभ्रमन्ति चरन्ति प्रतिकूलाम्||

91 लेख फलं

अतः ऐकं लेखं द्वौफलंम् लभं गोपालं चद्वैसौच्चाटनम्||

यथा परमाणुवे इलैक्ट्रानाह् भ्रमन्ति,

तथा नवग्रहै सूर्यस्य परिधिह् परिभ्रमणन्ति||

आदेशं शिवा अनंतं कृपासिन्धूम् गुरैशं विभुम्|

अथवा यः ईशकणं सूक्षमातिसूक्छं||

त्रीबारं संस्कृत महासंमैलनै व्यक्तब्या अकथामि||

अलभामि गुरूनि, पंडितानी स्च शौधौपाधी प्राप्तामि||

92 ईशंमातारं

ईशंमावतारं दिवसं :

यद्यपि पूर्वपृथ्वीछैत्रे दिवसं पूर्ववर्ती भवति।

तथापि पस्चिमे यैशौवतारं पूर्वार्ध रात्रिम् पूजति॥

प्रपद्ये दुर्गा देवी महामाता स्वरूपिणी।

त्वं नमामि वरदै विद्या सर्वदा सर्व कारिणी॥

जयंती माते श्रीमातंगी महर्षि मातंग कन्या।

श्यामवर्णा महाविद्या नमः वीणापुस्तक धारिणी॥

93 ईशकणं

भूतः इदं श्रीकृष्णेन् वदं जैवकणः।

हृदयैसे तिस्ठति अर्थात् ते चित्तै विराजति॥

यः ईशः मा कथः कैवलं मानवः।

सर्वे भूतनीनाम् ऐकं ईशः भवति॥

अर्थातात्मा ना केवलं मनवै परन्तु सर्वै जीवै ईसंच व्याप्ति॥

आकास तत्वः सर्वै भूता: मस्तिष्कंमस्ति।

ततः कौरौणाकणं अपि नवीन रूपं कायान्तरति॥

श्रमिका: कृषका: बाला: गौपालका:!

हठी तपी माता यात्रारता भोगै रोगे च॥

न्यूनाधिकं योगं कुरू यथासंभवम्।

किमिदं ध्रूवंमना संशयं॥

94 बुद्ध मंदिर

ॐदशमेशंनमः भव्यविराजितं धं।
मैनपाठै कमलैश्वरपुरै धाम॥
ततर गूङ्०जन्ति नादं वादं धंमंत्रं
भगवान् बुद्ध: तथागतः सः भक्तानाम्॥
नानाभाँति मनुवै नानाभाँति जीवै

95 वर्षा

यथास्तु तथासतु तव कथा वस्तु।
श्रीईन्द्राणी मैघै अन्नं बर्षतु॥
गौर्थातात्मा श्री कृष्णा गौ चरन्तु॥
यदि प्रतिआगत कोविडं प्रतिबंधनं भवंतु॥
भक्तानाम् श्रीदेवीम् पूजियंति।
साधुवे तंत्रं मंत्रं यंत्रं कुरवंति।
वटुकाह् पठंति विद्या॥
दुष्टाह् द्यूतक्रीड़न्ति च विष्फौटंति॥
गजाननागमनाय श्वानबृदं भुक्कियंति।
यथा त्यौहारै दुष्टा रूष्टा युद्धंति॥
ॐ शुभं लाभं रिद्धिम् शिद्धिम् सः श्रीगणेसं।
इदं करोना खलं छद्मरूपं पुनर्पुनं॥
सूक्ष्मातिसूक्छं असंखय श्रृङ०गोक्ता बिम्बाकारं।
त्राहि त्राहि भवंतं वयं तव शरणागतं॥

96 नौरात्री

नवं मात्रीम् शिद्धि दात्रीम्।

यथा नवं मासोगतः जननीम्।।

कूण्डलनी जागृतिमथवा

भौतिकी सैवा प्रदायिनीम्।

यो यो दर्सति वीणावादनी विद्याशिद्धिप्रदा।।

ते ते लभंति विज्ञा नं संगीतम्श्रीम्चा।।

परन्तू किन्चित दर्सम् श्वानस्य पुच्छं,

पुन्गीअंन्तःभवेत दीर्घ कालौपि स्थिते वक्रं।।

अष्टा दस चतुर्थम् शिद्धिनाम मध्यै

ॐ श्रीलुचकीपा महाशिद्धै।।

बंदितै जगदंबिके क्लीम् कालिके शिशु रूपिणे।।

कैन कारैन कैवलं, दसं प्रतिसतं बुद्धैनुप्रयौगन्ति।।

कोवर्जति? किम ना संपूर्ण मनौयौगैन कुरूवंनति संति।।

ध्यानं इदं एक्रागतं। किम् ध्यानस्य विषयं, इदं सार्थकं।।

परम्पूज्य चंद्रमा पूर्णमदः पूर्णमिदं पूर्णात् पूर्णमुदच्विते।

ॐ क्लीम् सः श्री चंद्रहाशिनी जगदंबिके नमस्तुतै ॥

97 संस्कृत प्रचारं

पाठं, लेखं, सभाकृतंब्यकतं मननं च चिनतनं।
ईदानीम तत्वाह् संस्कृत प्रसारणं कर्तब्यं॥
सरलं संस्कृतं च दुरू:गूढ़म् संकेतलिपि कलित्रं।
अथैना देवीकृपा लभंति गणितं प.ढितं पवित्रं॥
बकौ ध्यानं आवाहनं श्रद्धावानं लभन्ति ज्ञा नं॥

98 मूषकपालनं

छमा छमा माम्पातु मूसकाहंपालिनी।
नमःश्रीकरणीदेवीम् राजस्थाने बिराजिता॥
किम् कर्तमानिवारयं लौहे ईन्द्रजाले चूहेपाले।
बंदी कृत्वा शौधार्थ अल्पकालै कष्टप्रदा॥

99 उच्चाटन धूम्रं

अद्य पर्यन्त वः धूम्रं ना निर्मिति।
तत समं मसकं दुसटं उच्चाटनति॥
अति सर्वत्राकदापि ना वर्जते।
यदि पठितं भजतं ध्यानं ज्ञा नं॥
सम्यकं सदा सत्यं सैवनै।
खनं पानं सयनं दानं॥
ॐ जयंती समय स्वरूपिणी श्रीक्लीकालिकाम्।
किम्-किम् भवंति ईदानीम् कवितानाम्?
बंदे गुरूवै मनुवै च वृक्छै सर्वं समय पालंति अतः संतं
संति।
बंदै पराकृतिम् कपिम् गौ शैषं खगं चेन्द्रं वर्षं।
शुभं भवति कल्याणं आरोगयं सुख संप्रदं।

100 सत्रू

मृगस्य सत्रुः स्वयमस्य सौन्दर्यं।
मृगस्य भ्रमं स्वययस्य कस्तूरीम्॥
मृगेन्द्रस्य जालं निजश्रृन्गानाम्।

101 सुसौन्दर्यं

मृगौ चन्द्रमामुनि रथवाहिनीम्॥

श्रृंगानाम् मृगस्य कदापि नतो संति भारंति।

शक्ती ददाति प्राकृति तथापि उज्झलै सन्कटन्ति॥

ॐश्रीलक्ष्मीमातै जयंती गजवाहना।

सर्वदा कृपा कर्तुम् विराजितै कमलासना॥

शैषंमैक्षा धारिणीमहारं शुसौभिते ग्रीवै शरी शंकरं।

वामै विराजतै अंबे चा अंके गणपतिम्कारतिकं॥

102 ईस्कान

ॐनमःश्री कृष्णं खंरूपं शुदर्शनं गीतापतिम्।

मधुनासौ जंबूनयनौ आम्रौकपौलौ शुधामुखं॥

शुभंश्रीघनस्याम सुन्दरं सलौनं स्यामं श्यामं।

कालं कलितो कलितं कालो कृष्णा कृपामयं॥

त्राहि त्राहि वयं इस्कानं तव शरणं भवंतं॥

ईदं कोरोना रावणं छद्यरूपं पुनर्पुनं॥

सूक्ष्मातिसूक्छं असंख्य ऋन्गौक्ताम् बिमबाकारं।

तथाअपि नच तव तुल्य सुक्षमम है श्री कृष्ण: कणं

103 दुष्टा

ऐकदा ऐकं देवीम् सहयात्री अभवति||

अहमासीत दिल्ली यात्रै||

सा कण्या शुभं प्रभाताम् तातानुज: अकुरूति||

सुचिपस्चै जलं चचायं रैलाइडै पीत्वा तत्रै|||

सन्निकट दिल्ली गन्तव्ये मित्रैण् संवादं कृतार्थ

सहसा संकटं अभवति मम दूरभाष यंत्रै||

सहायता कृत्वा सा सर्वे अवश्यक वस्तु नष्टं कृत्रे|

सौरीङ्कल मंद हँसितं हर्षितं गच्छितं उत्तरतै||

है शैलसुतामाता दुर्गा नमोनमः च यथा-यथा देवीभ्यः
सुरक्ष्छितै||

104 मानवता

अद्यः दिवसः चतुर्मूखा : नव सत्रै विषयाशाखा||

यै वै कालं अनुसरणंन्तं यदातिनिवार्या च श्रीप्रदा|

विद्यार्महार्नीतिज्ञ संति नुक्तिन्त्ति शान्ति|

ऑङ्लै हौमौलौजी नतौ शिद्धा| किम् छंमिदं अनिवार्य
मनुष्यता शिक्छा||

साहिब भवंतैसंती पठृ साईयै विद्या|| यत्र: पस्य कश्य दर्श
फरसुबुदधा, कान्हाकबीरा च नानाभैदा||

तथापि अतिमौत्तम बहुमुखी प्रतिभा कर्तंम् सर्वै स्वतंत्रं
छात्राहिहिता समाहिता सदा||

माता ब्रह्माणी बौधंती च सर्वदा सः जयदा||

ॐक्लीम्सः||

शोधित्वा उक्तपंक्तीनाम मात्रात्रूट्यौ विज्ञा मैकामना
श्रीम्क्लीम् शारदा एकं ज्यैष्ठंविद्या||

अर्थात् बौधत् व्यक्तं सततं ध्रुवं प्रीतं सदा||

ते नमस्तै पुर्वासाढे. मासाय माता||

कथंति कोटैश्वरी धूमावती च ज्यैष्ठाविद्या|

यः ॐक्लीसः दुर्गे अंबिकै अंबा||

105 नोरात्रि 105 नोरात्रि 105 नोरात्रि 105 नोरात्रि 105
नोरात्रि 105 नोरात्रि 105 नोरात्रि 105 नोरात्रि 105 नोरात्रि
105 नोरात्रि 105 नोरात्रि 105 नोरात्रि 105 नोरात्रि 105
नोरात्रि 105 नोरात्रि 105 नोरात्रि 105 नोरात्रि 105 नोरात्रि

105 नोरात्रि

सिङ्घं संगं, श्री दुर्गै मं तिष्ठं||
किं भव सक्तुम् दिवसं?
दीपः ज्योतिर्सततं जाग्रृताम्
जौपादपानि पीतंपीतं भवंतैनिद्रं ग्रसितं||
ईन्द्राणीम् बर्षति कृत्वा रिमझिम नृत्यं|
मेघं कृत्वा मृदंगनादं खं घुर्णति वारिदं||
तदा विद्युतं तडि.तं भवति अपि भयदं||
तै सर्वै संगीतै भजंति श्रीदुर्गै प्राकृतं||
यत्र तत्र सर्वत्र सर्वं बर्षाय सुखं ननरः कैवलं||
कारणं रथंवाहकं दुस्करं||

106 कूटकृति

यः प्रैड्०क अथवा कूटकृता नामक् मूढ़ता इति कर्नीयं||
परन्तु गोल्डनप्रैन्कं यथा सामाजिक हितकरं भवं केवलं||
शैषं हास्यं प्रैन्कम् भवतु दंडनीयं|| निजसुखार्थ किम्
किन्चित जनै कष्ठकरं?
ईदानीम ब्यर्थ कर्म समापन करतब्यं||
अपराधं कूटकृतं भवं घोषितं|| प्रहशनं पापस्य कारणं||

107 कण्डू शुखं

अंडू बंडू ये बामं झंडू।

लभं लभंति ते सूखं कंडू॥

जथा महा न्यैता बरबंडू,

तथा अवश्य गतं ऊद्ंडू।

भंगं भवं खंडू खंडू पाखण्डू।

मनू महर्सिन्धु वासी जदि मंडू॥

सेवितै पितृगृहं सदा गंडू।

दृश्यंतु परन्तू यो ज्ञा णी गुणवंतू,

तै परस्थानै घूर्णंतू॥

तथा प्रथमतः अपि निजं पाकं पकन्तू॥

108 सर्व संताह्

शुभं प्रभातं..

प्रणमामि दैवीनाम च जनानाम् सर्वै संति समयस्य संतं महंतं|

असीतंसंतिभविष्यंती आत्मानाम् सर्वै ब्रह्मस्य कणानाम् मनुह्मतं||

यथा मनुवै मध्यै भंवंति श्रैणीनाम्||

तथा पादापानि विविधितानि भवान्||

किन्चित् भवंती विषंपादपं किन्चत भवंती औषधिनाम्||

यथा श्रीपद्मा तुलसी कदली वटाश्वत्था आम्रंमधुमिता च पूजिताम्||

तथापि कीटभक्छी पादपैपि वर्तंन्ति||

109 चॅन्द्रहासिनी

अद्यं बदनामि पृथिव्यास्य उपगृहै,

श्रीचंदः चन्दा चन्द्राहाशिनीमाता,

रायगढ़नियरे चन्द्रपुरिस्थिता||

(मुनी ऐक नाम चन्द्रमा औही।

लागी दया देखिके मोही|| रामा.)

मूनः लूनः तंत्रैभवति कन्या पूजितं

सजलं सपुष्पाणि

च धूपं दीपं नैवैद्यं शंखनादं मंत्रवादं यंत्रचित्रं बंदित्वा||

ॐचन्द्रमा मणिशौ आजायता।

इदं मनौती मनतामि हे माता।

कदा तं दैहि मै वरं|| हं तीर्थाष्यामि श्रीनर्मदा||

110 पुष्पाणि

पूष्पंपिटुनिया वर्षाते पुष्पति॥

मंदारं बशंते पुष्पगुच्छे विकसति॥

ग्रीष्मै गुलमोहरं श्यामलं कदंबं च॥

पाकृति दैवीम् अलंकारं क्रियति॥

केवलं रात्रै निशारा्यी लता शुमनति॥

सदासौहागिनी गुलाबं गुड़हलंदेवीसुमन पूष्पंन्ति सततं॥

तै पूजे आवास्यकं भवति॥

पभावंकृत्या ऐकंपक्छीय लाभं भवति शौषणं।

च, कृपा कृत्या तदैव इदं पौषणं।

द्वौपंछौ लाभौ भवतौ सहकारितं॥

किमिक्छंति संति जनानाम भवंति मंसंदेहं॥

111 अबौधमित्रं।

एकदा ऐकं बनवासी छात्रः महानगरै महाविद्यालयात् शास्त्रोपधि प्राप्तिम् पस्चात् स्वस्थानै पुनरागमनति॥

ग्रामै मित्रमंण्डली मध्ये

तस्य ऐकं अल्पज्ञ मित्रं अप्रशनति : " त्वं किम् अपठसि?

सः औत्तरति : "अहं बी . ए. अपठामि "।

ततः सर्वै अबौधित्वा उपहासं अकुरूवंति : "त्रिवर्षै तः अपठसि किम केवलं द्विअक्षरं अं।गले ए बी च, तैपि विलोमं।"

शोधं सर्वैजनाय भवति माबोधनीयं॥

112 शुप्रभातं

शुभंप्राभातं प्रणमामि अत्रेत्रं भवतीनाम भवतानाम संताहसंति||

प्राकृतिर्रायनं वाचन्ति यथा तथा रामायनंम् ॐ शिवशिष्यहभूशूण्डड्डी||

तशिया गुरूर्भ्राता श्री शनीदैवाति लौकप्रियंश्च पूजितं भवंती||

हँहँहँ हसितम्शनीश्री स्वयं गौपालंश्च रुष्टंश्रीकृष्णमेदंम्शनि मम मति||

ॐ साई!, ''?'' गुरूकृपा शिवदरसनंम्मातिशुभं||

स्वयम्भूतपं तथापिच्छा सशुलभंम्माजद्दी सशुल्कस्य पंडितंम्मालभंति||

विशवनाथ मम नाथपूर्रारी||

त्रिभुवन महिमा विदित तूम्हारी || (:रामाः)!

मॅ|म गंगै गणपताम च धराधराम सहितं ममैशंम्महैसं जैसियाराम!!!

तिर्री मवन महिमा वीद्यूत्त तवा भौलाभंडारी||

113 जागृतु

श्रृणूतं? किम सयनसि? जागृतं मनः जयतै||

यौगः कर्मसुकौसलं अतः संपूर्ण मनम् नियोजते||

सयनै पूर्व ईसं धन्यवादं श्रीरामाराम बिश्रामते||

यदिम् निद्रा दैवीम् सूकृपा,स्वपनै कृष्णं आएतै||

श्रीरामायणै लभते कस्यसयनं?

बार बार मुनि आज्ञा दीन्ही||

रघुपति सयन जाइ तब कीन्ह||

बार बार कहु सोवहु ताता|

सयनकीन्ह धरि पद जल जाता||

किम जागृतं? राम राम जब सुमिरन लागे|

जाना सती जगतपति जागे||

उठितंमीशंजपनीयं वर्त्तते|| अतः ततः शुभंम्शुभः भवतै!!!

114 भक्त वत्सलता

ईदं सद्गुरू कबीर साहित्यै आख्यानं लभते।

श्री पूरीधामे श्रीजगन्नाथ मंदिरै श्री सागरस्य ज्वार भाटं सान्तिकृत्वा स्थापनार्थ साहेब कबीर आगच्छतै॥

धन्यः श्री कृष्णं नमः यथा महत्ताभगतं प्रदायते।

च अहोभाग्यः ते भगत जनः यो यस्य साहिब सद्गूरू कबीर पूजिते॥ किमर्थं? साहिबस्या गुरुमंत्रः रामस्च रामः स्वयंकृष्णः॥

अतः ततः यः कथः भगतं महत्ता सः प्रदायकः॥॥

किम्छं किन्चित - किन्चित्त कबीरी मनः सनातन विरूद्धतै॥

कृपया विचारंतु यथा वयं गुरु पूजन्ति॥

साहेबापि निजगुरू गुरुमंत्रं किम् अजाप्यतै बंदगी॥ अतः निर्गुणं सगुणास्य शिष्यं संति॥ धर्मार्थ अर्थात् सर्वैकीकृत वर्तते॥

115 मसरूमं

मृतोपजीवी कुक्कूरमुत्ता इदं मसरूमं
अशुभं पूजादिवशे भक्षड़म्॥
अर्थात् कदापि मा पारणं नतौपि दानौचितं।
प्रौटीन पृष्ठै धावंति जनाह् मक्छाभक्छं करंति करोना॥
गूढ़म् विज्ञा नं बोधार्थं अहं पठामि मम पुसतकं कक्छा दसं॥

116 पूष्पानि

पूष्पानि अर्पितामि गुलाबं रक्तंरंगे च लघुम्कलीम्॥
हसितं स्वीकृतु श्री कृष्णः अंकै स्पर्सतु शौभनीम॥
अस्वत्थं, वटं,औडुम्बरं, इम्लीम्,नीमं,निम्बं च आम्रं॥
त्यजतं गौ-गजाऽहाराय, सर्वथा बर्ज्यते कर्तनं॥
परन्तु उद्यानै सौन्दर्यीकरणं, सर्वै तरूवै एकाकरं कर्तब्यं।
अतः आवस्यकतः तत्कालं तथा कुरूकूरु यथायोग्यं

117 देवानागरी

हिन्दी संस्कृत दैवानागरी मेही लिखौ सर।
और रैस्ट टोटौ अलफाबैट॥ टीचर भैरी हार्ड ल्लीभ
अलजब्रीक॥
बैक्कूफी इस जमाने की जरूरी चीज है॥ परदानसीनी
वाजिब करैक्ट॥
बैगम की डमडम डमडम की ताल के हाल है कि
मैथ नौ पता सो बैस्ट नो हैडेक॥
ज्ञा नी को परैसानी अगियानी सुख से सोय॥
कौन परै परै सानी मँ।? सा विद्या या वि मूक ते होय॥

118 योग

योगमर्थम् कदापि मा धनं अथवा योगं।

ईदं सर्वथा ऋणं यथा योगस्चित्त वृत्त निरोधकं।

त्रीगुणातीतं भवंति भक्त्या तत् तिष्ठंति त्रिमातामहं।

झटाकटा इदमाति गूढम्। वयं अबोधंमति विमूढम्।

अतीव क्लिष्टं कलित्तो कलित्रं किम्योगं किम्गुणं??

इदं जैव विविधता।

यथा सर्वत्र व्यापी तथा कथा

मू.ढेर्मू.ढेर्मतिरभिन्ना॥

ॐवनस्पत्यैनमः।

सीतामाहरति रावणः अबन्धति श्रीसागरं॥

अकर्मै राजकर्मीनाम्, राग्यः अपकीर्तिकं॥

119 आदेशं

आदि ईशं भवति आदेशं आम् अर्थात् तवं सत्यं||

इदं सत्यं संकटं सनातनं हिन्दू धर्मम्|

असमानता असंगठनं अपत्तिजनं च आक्रान्त संतं||

संज्ञा गोपालं परन्तु संतिअशौधं अबोधं गौत्मा गो न पालं|

मौक्छं कुरुति सदगुरु कबीरं अतः नावतारं|

कालनिरंजन अष्टाइ॰गी पूजितं

च जपी रामं तस्य गुरू मंत्रं||

अतः तैपि मानवा| मयूर्पक्छाशिरोशुसोभिता| अतः श्रीकेशवः||

मृदुहास्यमुखं तैति कमनीयं अतः मोहनः||

गायंन्ति गीतै तैतिप्रीते गुरुम् श्रीकृष्णः||

ॐक्राम् क्रीम् क्रूम् क्लीम् सः कालिका|

बं बंगाला तंत्रविद्या भक्त प्रति पालिका||

मंदिर जपैन्मस्जिदः जपैन्पवित्रं चरच तथा तथागतः

सरवै गुरूनिजपंन्ती गुरूभ्राताह्जपंन्ती शान्ती सान्तः||

अहमापि कदाकदा जपामि परन्तु परन्तपः? यथा तंत्रै

ज्वलज्वल फटफट स्वाहा|| ये

जपे ते फटफटी पाहा||

अधुनावर्तमाने सुसमयकालै सकारं हंसवाहिणी-स्चार्थह||

अनिवारियम्मावश्यकता सान्ताय शोधः||

नाईट्रस आक्साईड हसंवायुम् च ई-यू-जैनै-टिक्स

प्रैम जीनः प्रविसान्ती, निकशतुश्च क्रूरान्नू, ततःसान्ति

शान्तं भवंतः|

120 देवी सर्वैचना

देवी सर्वैचना

ॐ हनुमतैन्मः जै श्री सीता राम॥

पारासर संहिता नामक् गृन्थे हनुमंतस्य विवाह वर्णन लभते॥

सूर्यदैवः हनुमतस्य श्रीगुरू संति। शिक्छा दीक्छोपरान्त कपीसः दक्षिणा दानं ऐक्षति॥ ततः सूर्यः अकथन् किं अविवाहित दान ते ना प्राप्यते॥ अतः विवाहंमानिवारयं॥ हनुमत अकथति सः बालब्रह्मचारी ब्रतं पालितः अस्यासंभवं॥ सूर्यदैवस्य कण्यापि महातपस्वी ब्रह्मी आसीत, तस्य नामः सर्वैचना अभवन्। अतः सूर्यदेवः अकधति : तव ब्रतं ना खंडित भवतं तस्य कण्या सर्वैचना संगे विवाह कुरूनीयं॥ अतः विवाहं संपंनं अभवति॥

तदानुशरण कृता तैलंगाना प्रदेशे खंमम जिले ऐकं मंदिरे हनुमंत सपत्नीक उपस्थिते॥

श्रीसूर्यसुता सर्वैचना श्रीराम भक्तस्य बामाभागै विराजिते॥

इदं मान्यता भवति किम् श्रीहनुमत दंपत्ति श्रीबजरंगबली सः देवी सर्वैचना प्रपूजितै भक्तानाम् दंपत्ति शुखं लभते।

121 वेदे वनस्पति शास्त्रं

संस्कृतं प्राचीनतं वैदिक देवभाषा अस्ति|||

संपूर्ण भारतं एकीकृतं कुरुति वैदैसंस्कृत साहित्यै सर्वे सुदुर्महाद्वीपै सर्वे भाषे च

पादपा:, लता पत्रं पुष्पानि च पूजार्थ च नारी सौन्दर्यार्थ उपयोगिता भवंति||

अथर्व वेदस्य उपाङ्ग आयुर्वेदे भक्ति च औषधि विगयानं वर्तते|

वेदे, पुराणे, गीते, रामायणे, सगुण- निर्गुण उभयो भक्तौ गद्यै - पद्यै पादप वर्णनं लभते||

आसित वायु, वर्षात्, भोजनं, भजनं च सर्वथासर्व कारेषु पादपं उपयोगिते||

प्राकृत सौन्दर्यता, जैवमंडल पोषिता विगयः वनस्पतै पूजिते||

प्रथमतः सर्वाधिकं लौक प्रियंसान्ति पाठे ॐ देव शान्ति, रापा सान्तिरौषधिया सान्ति वनस्पितिया:सान्ति तत्पश्चात ब्रह्म सान्ति उच्चारणते||

द्वितीयं : कलित्रौकालोस्मि कथंति अश्वत्थ वृक्छानाम स्वयं श्रीकृष्त भवते|

तथापि ऊर्ध्वमूलंमधा शाखाश्वत्थं प्राहुर्व्ययं||

यथा जगत निरूपयते|| श्रीगीते श्री

कृष्णोवाच : पत्रं पुष्पं फलं तोयं यो मे भक्त्या प्रयच्छसि, तदहं भक्तियुपहरृतं श्रयि प्रयितात्मनं||

तृतीयं : महाकवि कालीदासस्य मेघदूते नायिकस्य

अंगप्त्याइ०ग लतापुष्पं समं आख्यायते॥

चतुरथं: रामचरितमानसे उत्तरकाण्डे तृतीयं श्लोकंमस्ति

"कुन्द दर गौर सुन्दर अंबिकापतिम्..." अर्थात्

श्वैतपद्म सम दर्सितं ॐ नमः शिवाय शिवाय॥

वनस्पति जगत्पौषकं । अतः वेदे वनस्पति लभते॥

122 जपः

गुरूनिनानंतं सः अन्तः ज्ञा नमानंतं।

तदैव गूगलं नापि ज्ञा नं किन्तु ज्ञा नं तस्याभीष्टं तरंगं॥

ईदं भैदंमान्तरं महासलौकं यथः शिवताणवः च पंचछरी यथा लघु पुनर्पुनं।

आसनै जापं च स्नानं कृत्वा जापं यथैदं सस्वर च मौनजापं॥

महत्तन्तरै गायत्री सामूहिकं अथवा ऐकँ।की॥

सामूहिकंमापि ससंगीताथवा गानंमैकैवलं॥

ऐकाकी जापं चापि समालंमाथवामालं भेदं

यथाति तीव्रं यः गंभीरंमार्थं विचारतं जापानि भवानी भवंति संती॥

ऐकं संतं गयंतंम् शनैह् शनैह् श्रीरामायनणं ऐकंमेकंमात्राक्षरं च रशं पीत्वा

लये "किन्चित् कथतु तै विस्मृतार्थं मै" गायंती संतः संति॥

सर्वै जीवाह् यः पादपं जंतुम् सूछम् तः भीम्मा जपंत्तीसः यथामहत्मनुह्।

किम्? इदानीम् सान्शं शंति: " तदकारेणु तथा (जपः) भवंति!

123 यौग:

यौग:कर्मशुकौसलं यौगस्चित्तिबृत्ति निरौधकः|

यौगक्छैम्यमहाम्यहं बंदैश्रीकृष्णं त्वं यौगेश्वरः||

समय नियौजनं यौज्ञा कर्मम् इदं योगं||

यौदु:खं गं हरतं सौ भवति योगं||

व्यायामे यौगिक ध्यानं, एकं कुरुना सकति लैखं|

कारणं क्रमाँ|क भैदाह् संख्या च पूनरापुनं कलापूनं|| अकृतं तीब्र प्राणायामैपि मंत्रं सौहं स्वयं भवति||

अद्यपि सूकछमातिसूक्षम ध्वनिम् अस्ति|

स्वगुरू गायत्री अथवा द्वादशमंमाक्षर मंत्रवैदिकाय जपनीयं सन्ति|

तंत्रै जपंत्रै कालिका मात्रै ॐ लं कली" बं रं श्री" हं ऐन्ग् ह्री सं सक्तिऐन्मः मजन्ति||

ईस्लामायात् अथवा लँ|ग प्रैजलाईन मननं कुरूनीयं भवंती||

ऐकौ ब्राहमा द्वितीयौ नास्ती कैवलं भाखाचरण भिन्नान्ति|

अध्यात्म विज्ञा नै नाविभैदति च यदि भेदं ना योगं नापि यौग्यं नतो भवताह् अध्यात्म||

राग्यः जनकः सर्वै समाजशास्त्री सभै अधुना भूमंडलं भवंति||

अष्टं बीन्दूवै वक्रा ऐकौ ना दर्सति

भू मंडला!!!

124 शुभाषितानि

शुभाषितानि बिनीतबानि।

किन्चितं कौशलं पूनोकलं!

सवासतं पाठं बकं लिखं।

शुभं देवीम्संस्कृते पठितं॥

अबिलंबा अवकासं अंबा।

कं कलितं युज्जं कदंबा॥

मं तं गनं, किम् जैवकणं?

किम् ब्रह्मकणंस गणितेगणी खंबा!!

ऋषीकणादि वैदिककलितं दीपोजंबा!!

एकंमित्रं अकथति चेन्नई दैशै अतिआदरंति

मॉं।मॉं। वदन्ती॥ अहं अकथामि

ना ना मित्राणी ते कथंती आम्आम् अर्थाता यस यस अथवा

हँ। हँ॥

अतः कृपया यदि अबोधं भूलं छं चापि सहर्षं पठितं शुभं

शुभं भवं।हं॥।

संस्कृतं पठितं स्वयं पूजा, अतः पठंतु समय युज्जिता॥

प्रणामामि सुच विदा॥

यूयम् यः अंग्रेजः महासखः बने बने बाचता॥

शुभं पाठं शुभं गातं सुभं संस्कृत वार्ता॥

या दिवसै संस्कृतं पठनं सर्व पाठ्यक्रमे अनिवार्यं कुरूष्यंति।

तादिनं भारतवर्ष जगत्गूरूम् भविष्यति॥

अहं शिखा बंधनं मा कथामि,
अपितु शिक्छा बंधनष्यति॥
अंतरसंकायं बहुविषययं ईदंशुभं । योगंस्वागतं च न्यून्तः
संगीतं दृश्यति॥

125 नौ दुर्गा

प्रणाम्| माँ|ता श्रीकाली स्थापन यत्र संकटं|

सर्वत्रं पाठं सैवं वनं च मँकंम||

संतं यथाक्रियंतं शिद्धं भवंतं यथेदं लुचकीपंम|

नौ माता नव जाता, महत्तंविभू शिशूरूपं||

योगं ऋणं गुणाभागं प.ढितं कं बौधं विद्यं श्रीकालिकं||

भक्तिम् श्रद्धं कुरूतै नानीम्बूमिरचं||

पंचमं स्कंदमातादुर्गा दैवीमैया सुस्वागतं||

दीपंनैवेद्यं ग्रहतं प्रसीद् प्रसीद् मंदहिसतं||

महामाया नौदुर्गै मैयाय च वयं नमस्कृतं||

करौति शुभं कल्याणी दीपं देवी प्रकाशितं||

: आम्| अहंमपि जं|चते मॉ|म|

किमा स्वयं संदैहं||

श्रीबसून्धरा झरणा अति शुभस्थानं

नियरे श्री बद्री नाथ धाम्|

नमोतीर्थं पवित्रं||

यथाऐफबी शौन||

कंम्फ्यूजन इज मी औवन

औ मिस्टर गाड आन आनडॅ|न||

जै माँ| काली काली महाकाली कलकत्तैवाली कलकलं||

बंगाल की बौली मे श्रीमद् देवी भागवत||

कदा यदा जदा जासती भँ|लो लागत||

खोरीदबो आमिको तूमी बौलावत॥
औमाँ| लीक्खै आछीई की ऐक्ठो सूरथ राँजाँ| रौहब्बेन
भाँ|लोशोरो कोरै श्रीगणैशो
गो-नोनो-नायको॥

ॐकालं महाकालं ॐनमः उज्जैनीकृपालं॥-
सनैहसनै; चालं जनैः स्थूलालं ज्यौतिर्लालं॥
ॐम् गौरा गुप्तादुर्गा महःमाता वैरौचिनी च नवरात्रा॥
शिद्धिम्दाता भाज़विधाता महाविद्या शुफलं॥

पंचमं स्कंदमातादुर्गा दैवीमैया सुस्वागतं॥
दीपंनैवेद्यं ग्रहतं प्रसीद् प्रसीद् मंदहिसतं॥
महामाया नौदुर्गै मैयाय च वयं नमस्कृतं॥
करौति शुभं कल्याणी दीपं देवी प्रकाशितं॥

126 गर्भिणी

प्रभावंकृत्या ऐकंपक्छीय लाभं भवति शोषणं|

च, कृपा कृत्या तदैव इदं पौषणं|

द्वौपंछौ लाभौ भवतौ सहकारितं॥

ईदं एफ्बीअंतः पश्यामि लघुतंचल्चित्रं॥

गर्भिणी मृगी बोधित्वा मकरं निज ग्रासं त्यजति इत्रं॥

अतःऐकं राशिचिन्हं च सरितानाम् दैवी वाहकं॥

दैटीजभ्वाई जोडियाक शाईन एण्ड रीभार्स डैईटी राइइ॥

127 कालंः

हंमपेस्मि छात्रः यद्यपि॥

यै ना ग्येय जैववीद्यूतिकी!

जानन्ति नैव खगोलजैविकी

नाचा जीवकणं गणितीय।

तेषाम् जीवविज्ञा नंम् :

जैवतैलं,मत्संं च मसरूमं समापनोती।

किम्यतै हंसारूढम् उड्डयनं कि शारदं सप्तम्।

मे पठाती जीवकणं कलिततं च जलंतप्तं

सूक्ष्म वृहदं ऐलियनम् सं सभावनं॥

नाचा : ऐण्डनँ॑ट् यदापि नृत्यंम्॥

ॐऊमा दारूजौशित की नाई॥

सबहि नचावै राम गौसाई॥

(कठपुतलीनाम मनुवै नृत्यंति ईशं॑गुली)

एकमात्रं एकदाहमपि शिष्यस्य प्रीती॥

ऐकान्त शुभं किन्तुना संगे गर्दभमीती॥

उत्तरै, समयंम्निियोजनं इदं मत्रं गायत्री ददाती॥

दक्षिणे संस्कृतं शुभे, इदं मम मते।

सा किम् बौधती? श्रेष्ठं अदानं ऊपरि अश्रद्धाथवा बिलंबत्ति॥

नैनौ नेनौ आटो फैमिटौ जीटा सैकैण्डम्।

अर्थात् सूक्ष्मातिसुक्ष्म छणं कालकणं (कैवलं कल्पना) तः

श्रीकालियुगै महाममहिशिय् महाकालै महंत्तम समयै शुभै

कौलकाताशिय्मातै स्मृतै हर्षन्ति संति भवंति भवयः॥

ॐक्लीम्शःकालिकाऐन्मः॥॥

128 दक्षिणा

श्रूणौउ जग ददंन्ति। गुरूदक्षिणा
दद्दामैहं शिष्यदक्षिणा कुरूति आयकरं गणनं चाति टंकणं
लिपिकं इत्यादि॥

चापि

ममगुरूहः गृह्ति कदापिना इतिह्॥

मातैमहाविद्या धूमावत्ती धून्कतिह्॥

सत्यं त्रूटिम् सु विचारितिह्॥

देवीछिन्नामस्तामाता शनैहशनैह् कृष्णाकृष्यतिह्॥

तथापि अकस्मातं यदिम् मातं वरं प्रदातिह्॥

।यथा भवानी भवता महाविद्या यदा सा शिद्धति॥

रूचितै भोगं मीनंमोदनं (मच्छीभातं,)॥

च जिवीत तपतं रक्तं ।

सा दैवी माता गौरी कैवलंलीलाकृतं।

129 भूतनी

करमकाण्डी श्रीपंण्डी संगीत संगी रथहंकी।

कुण्डी रैण्डी-कुचैण्डी" हेम्दंण्डी बंदैवी बर्बण्डी

अचंण्डी अबंडी दंडी भुशुण्डी श्रीखण्डी बाबा भंडी भुर्कुण्णी।।।

शयाम सलोनी सुन्दरी अभयं

शनी नारीशक्ति मैरी भूतनी मूस्तैद मुस्तंण्णी।।

कण्डु सूखण्डू गंण्डू कूप-मण्डूक दूःखण्डू।

संडू भण्डू रण्डू डंडू झंडू ऊचंडू।।

परंम प्रैयश प्रेतं प्रीतंण्डू..।।।

शंभू मंम्भा रंम्भा संम्भा गडंम् खंम्भा।

जंम्बा जलंबा हिडिम्बा. बालंम्बा पलंम् सिम्बा ॥

130 तप्त जलं:

ॐनमःशिद्ध शैलः नमः शिद्धिम्माता||

नमः कालं महाकालं भानुम् भाग्यं विधाता||

भ्रातागुरूम् जय:जीशशः च सरवैसु शुभं शुभं प्रभाता|| च
तान्त्रिकाहा नमत्ता, जै कलिकाली माता||

ज्ञा नस्य पंथस्य कृपाणस्य तीक्षता, श्रीगंगाकृत
जलासयाथवा तगागै विचरंति भयं भवता|| किन्तु कूप
मंडूका भुजंगात् सुरक्छा||

पतंतैश्वारौहा भयंवाहनचालका||

सर्वौत्तंम्श्री आनंदं वातागता||

तथापि दुर्घटनाति भीषणा यदा कदा||

न्यूनतंभयं पादपथिका निरभया भगता कालिका||

131 अषाढ़स्य नवमी

ॐप्रार्थनाह्संति देवीईन्द्राणौपरि अषाढ़ मासै भारतवर्षै दक्षिणे माँताकालिके शुभै शुक्लपक्षे नवरात्रै नवमीतिथीम् अष्टं दिनाकें जूलाई ईशवी बीसम बाईसम्चा।

गूरू मातापिता चा किरपा यत्ता

माँता गायत्री गाता:

"ॐअंमृतौ पिधानमसि सवाहा॥

श्री सत्यं श्रियंताम्सवाहा॥" भवं भंवंन्ता।

किमर्थम्?जगदंबा मम माता शिद्धीदाता ऊत्तीर्णमाथवा चयनितं तपीत ज्जलंमालौक्यता॥

ईसं गृहं भवतं तपत जंलं जयंती महाकालं विधाता॥ आत्रि स्मरामि पूज्यगोस्वामि किम् चौपायी लिखंति;," मज्जन फल पैखिय ततकाला? काग होइ पिक बकहु मराला॥ "

साहेब् कबीरशिय् साहित्ये हंसं इदं सर्वै मनुवै भवः॥

विषयान्तरं भवं अंनंतं नमः अतीव धन्यः च

पुनरपिपुनः प्रणम्यतः।

""सूरयौ ज्यौतिह् जयौतिः सूर्यह् स्वाहा,, दीपः ज्यौतिह् नमौनमः॥

ॐ जय शिद्धी दात्रीमातः.....""!!!!

132 सुखं

प्रीतै रूदनं शुभं स्नैहै क्रूद्धं शुभं॥

रीझै अपकीरतिम् शुभै गानं भौजनै अपशब्दंम॥

समभावैन अंसमभावैन सर्वतः हानिह् शुभं॥

गुरूभ्यः कटुबचनं शूभं भार्यांताणंशुभं॥

तथापि यदि नैसनैह:: सदैव प्रतिबन्धंम शुभं॥

सहर्षः शुस्वास्थ्यह् सचैतनयं स्वागतं॥

यदैकोन्यूनं ते संदर्भै वैद्यंनियरै गतं गतं॥

स्वाथ्यं प्रथमं सुखं द्वितीयं संगतं तृतीयं धनं चच्चतुर्थम्
सुखं गानं पंचमभौजनं षष्ठं कण्डा सप्तं झंडा सर्वोत्तम
अष्ठं सुखं ईशदर्शनं॥॥

133 पृर्णामिदः

ॐभाष्करायनमः ॐसूर्यपूत्रायनमः ॐश्री रामभगताय नमः
त्रिदैवाह् गृहिणीनाम सहितं बंदित्वा च मातेकालीकालंनमः॥

श्रीअथः पृर्णामिदः यूयंसुकृपाह् :॥

इति श्रीम् स्वयं अथस्य अस्य मातृम्मातिह्॥

ॐ क्लीम् सः वयं मननवः विदः न्यूटनः मंत्रिह्॥

शनैह् सः कपीसकृपः किम्?: बिलंबः कृतिः

ततकालः भवः! पूर्णमिदं भवति श्रीगणैशं।

च चरन्तः॥ भैसवर्षा द्वोदिसौ अपि भंवंतः ईदं नूटन मतह् ।

अंततः महिषवाहनहँस्ती ईदं ध्रुवः॥ पुनरपि सरवै नमामि
च शुभः सारदं आवाहं आनंन्दः॥

रसौ वै सः भवतः नमौ नमः॥॥

ईदंगूरूवाणीम्मायुष्मान भवः चैकंकथंति खुसी रहः। नमतः
महाभागे

डचःगुरु पश्चैसंतः तै जैयैशू (जैशिव) कथतः हस्सितं हस्तै
आशीषः।

134 वर्षा

ओवदंती सरगम सरगम वादनंती ढौलमहरमुनियम।

रागैसुरसम्माराग्यी देवीसहनाज्जयंति रिमझिम रिम्झिम।

दे:झमझम बदबदबदबद धावति बाल्लाह् तीव्रतम।।।

यः तः बालबृन्दं भीनजन्ति पूरणं सवसनम परफुल्लितम।

(तथापि श्यानाय ना शुभम)

नायिका नाम च्चलंचितरै रौमंटिकाह् दृश्यंअंकणं।

ते प्रीते वर्षा तथा भीन्गे सहर्षा यथा लभंम् वृतंम।

च चच्चा ईदं सत्या चरंति जगंम वर्षांकृपा सहिरदं।

यः श्रावणः श्रावितःवर्षः हहं वयंम् बैलिकम् शुस्वागतः।।

बरसंति सटपं सप्तं मैघाहाकासः नृत्यकीनाम् परौपरः।

ईदं श्रीईन्द्राणीदैवी नमतः हः मं यः मनः।।

यदिम् मंद हँसितं, यथा तीव्र: तडि.त:।।

किम् भविष्यः तवाट्टाहासः ॐ क्लीम्सः?

सूती मम त्रूटी शौधीममाशुध्दी पाह्सकृपः!!!

पंचःसरिताःनामेराज्यै सर्वै दिवासै समः।।

135 गुरूपूर्णिमा

श्रीगुरूदैवाय बंदै!!' सश्रीअकालं नमौ नमः॥

तदैव,

मातागायत्रैश्रमे, श्रीकबीराश्रमौस्च साधनारतामनुवै सरवै समयं गुरूसेवा लभंति, ते धन्यः संता: संति॥

यद्यपि गुरूपूर्णिमा भवति गुरू+ पूर्ण+माँ|,

अर्थात्, विश्वतः प्रथम गुरूम् माता भवता॥

ऐवं सद्गुरूम् स्वयं मात्रि भवति|

अतः सततः मम श्रीगुरूदेवाय नमौनम:!!!! जीवविग्याने केवलं जननीगुरूम् परन्तू

कैवलं मनुह् विशैषं गुरूकृर्ता॥

अतः गुरुम्कृतिम्मानिवार्यता॥

भरै कुमुदनी शिय् ता.डागा|

मं मंग ॐक्लीम् सः आवाह् आजा॥

चंदा आसनौपरी परी बिराजा|

धनधा धारै वीणा बाजा॥

तैतरीय उपनिषद . अध्याय आठ|

रसौ वै सः विचार विस्तृत॥

कैवलं रमंन्ते इति रामः॥

अंन्यथा ऐको ना भागवत॥

कौन सी 'नी' है? कि नही है ना'नी'?

पदमिनी, शंखनी चित्रिनी हँस्तिनी,

दामिनी, कामिनी, डाकिनी, शाकनी

भूतनी, सूतनी, प्रेतनी पीशाचिनी,

आगनी जागनी की हौ रागिनी||

नान ऐनी नानी औनली सौभागिनी|||

नूनं नंनू नंनः नंनी ॥

फिलॉ|सॅफी ऑ|फ साईन्स नीड एन ऐपलीकैशन ऑफ

टैकन नॉ|लैज रैदर दैन वास्टनैश ऑफ नॉ|लैज||

मनै? रीशर्च मै ग्यान की विशालता नही बल्कि

ग्यान की उपयोगिता आवश्यक है||

प्रत्यर्पित पाण्डू लिपि कुरू मा संभू योगं||

अतः नव संकलनं भविष्यतु यथा समय संयोगं||

नमः देववाणी नमः वागीसं भवतु मा वियोगं||

यः स्मरैत् पुनरागमनाय च पाहि माम् तः शिन्धूरोगं||

136 नागपंचमी

लक्छन धाम राम प्रिया सकल जगत आधार॥

गूरू बा शिष्ठ तेहि राखा, लछिमन नाम ऊदार॥

नागपंचमी जयंती, जयशिवसंकर श्रंगार॥

ईनकी कृपा सै पढ़न्त्रा तन्त्रा मंत्रा यंत्रागार॥

विस्वं दर्शतै विषम्पूर्णम्।

गायंन्ति मिथ्या प्रैमानन्दंम्॥

इदं छद्मंम् अधति मानवतंम्॥

अधुना पराविद्यूतीयं यंन्त्रं विस्वसनीयं नमनुम्॥

सत्यनाम अर्थात् सत्यनारायण ब्रह्मैकं नास्ति द्वितीयं॥

ततः किम् दूरदर्शनै युद्धंन्ति च अशान्ती किम् संति?

यौ यौ महामहिमाह् ग्यानीनाम च ग्यानं महानताय् वर्धती,

त्यौ त्यौ अग्यानंपूर्णं कटुताम् वर्धति॥

तैहिन्दू धर्मयूज्जं नैक्छंति ते धर्मयूद्धं कर्ती॥

ना ब्रह्मा पूजनीयं ना ब्राह्मणं।

पूज्यनीयं केवलं ब्रह्मकर्मम्॥

मित्थावाची पंडितं धिक् अभगतं मनु च॥

अतः सम्यकंम् भवन्तु जनः भवंन्ति संति जनार्दन्नाह्॥

137 मुद्रालोभं

पूजन्ती श्रीनारायणं, च लक्छमीमिक्छंन्ति||

विचारियतु कृपया, भार्याय कुदष्टिम्कर्ता

श्रीविष्णू कृपष्यति किम् क्रौधष्यति?|

अतः पूजै दानं कुरूनीयं|||

मंदिरस्य मुद्रा सत्यतः व्ययनीयं||

ततः श्रीलक्छीम स्वतः अन्वैसितः आवाहँष्यसि||

शंखं चक्रं गदा पद्मं इदानीम् संति धनं भाग्यं कर्मम् च सत्यं|

मुद्राम् दैहि च शिद्धिम् लैही|

अस्य अधूना गूरूम्|

अबोधमयं|| ततः तस्य शिष्यं कस्य शिद्धिम् लभष्ति?

तद् एकं ऐकतनू साधू अमिलिति सः ईशंम् अदर्शनति.
(ऐसैऐक मिले भगवान दिखानै वालै)|

हायरीम मुद्रादैवीम् कदा-कदा कुरूतेजनं नृत्य||

औघड़दानी संभू शंकरः यदा यदा ददाति कृपयं||

तै विचारियंन्ति लवनं . तैलं, तीक्छड़कं, छौकंतड़कं स्वादूवादं|

च, च, राग्यंनीतिम् पक्छौविपक्छौ||

परिधीयान्तः परीचरचाम्||

किमपि आवाहंमहं, अध्यात्मः परी॔दर्शनंम्||

केवलं श्रद्धाम् कुरूसकतु ईशदर्शनंम्||

च सशूल्कतः ईशदर्सनं मिथ्यैसं विग्यानंकलाकृतं||

138 व्यग्रमनः

यः किम्?

स्वयं कुरूते त्रूटिम्,

स्वयंमौष्णम् शब्दम्॥

आम!

कूरूते तव कार्यम् स्वीकारतः त्रूटिम्।

समाधानं अहं हलं कृतिम्॥

ततः किम् समुखे मिष्ठंमस्च् परौक्छै मानहानिम् वृतिम्॥

नाकारौमि गच्छ कुरू वक्रंकैशाधिम्॥

च गच्छ बद महाजनाह् च यदैक्छं द्वंदार्थावह्

भवःहस्तौद्विम्दविम्॥

मौनादैसं संस्कृतं दैव वाणी ना स्वर्णम्शिशुपादपं॥

दुःखी मनै हास् कविता लिखंन्ती॥

श्रोतः वादकस्य परीक्छड क्रियंन्ति॥

रिक्तामासै शक्ती प्रद्रसनंन्ति॥

माम मॉ|तै अंतीम किन्चित

दीवस रात्रि व्यतीतं क्रियंन्ति॥

अतः सर्वै प्रदानं मे अवकासं कृपंन्ति॥

कंजरह् मिलंतं गियानः किलंतं।

तूफानीवातै बीजलीम् गूलंतं॥

सूनरकःयदी रसौवैसःअन्यथं।

लघुबोधःसोमःपिबंतं॥

अन्नू वान्सी की विग्यानः ब्रतं।

महामहिष स्वयम् महाकालकृतं॥

139 सारंगपानी

अर्थात् सारंग नामक धनूर्धारी श्रीराम||

श्रृणूदैवं नारीविगयान||

सती भवती श्री मौहनी च रंमतं मनं रामं मनौहरं||

ऐ गवाँर दैहाती ऊरदू हीन्दी द्वो संगम संगम|||

कर्कसा कुर्यात् कुलटा यतः भवति टालस्टायःसुकरातः

कालैथवा पतन्ती यथा राम्रहीमआशाजन||

दुष्टा अबदन्ति तूलसी इदं पशुनारी उदंडते दंडकारी भवन्||

गृहै निज सहायकं भवति भार्या किन्तू परःबुद्धी चरः पत्नीदं||

पूर्व जन्मस्य छापं मनुवै चरन्ति|| संस्कारै तै भैरवी अधवा कर्मॅनीदं||

मध्य प्रदैशै शुखी विचरंन्तु सारदेमाता रक्छतु सर्वदा|

वनं भवतु बिडालविहीनं च तृणंपरीपूरणं तटेनर्मदा .

छत्तीसीगढै मातूली मातुला छापं केशनी कंसस्य तदैव श्रीकृष्णा||

दशरथः मारीचः माहिलः सहितं पंचः मातुल्ला प्रशिद्धा||

सूई अन्नू गैमो वैर् ईक्स क्लैइ ऐना?||

वैस्ट फ्लौरी मॉ|रनिन्ग ग्लोरी जू फ्लौरम हैलैना||

140 हरीयारी अमावस्या

हरी यारी माया बसै संत समा गम हौय॥

शुद्ध संस्कृत हीन दीन हौ तब रसौ वै सः सौय॥

ॐहून्! त्रं त्रं त्रं ॐ भाष्करं तवा बंदित्वा शन-दैह॥

किमपि श्रीकान्हा कृष्णपिण्डः त्वंमथवा सूर्यः वरदैह॥

वस्तुतः भ्रमितः तंद्वीसमयं किम्हँसितं चंदं पूर्णत्वं।

या मतकर्तकी चन्द्र- हासि -नीम् खं गं तं।

त्रियाजिद्दीम् स्वतः ट्रैजिडीम् भवंतं।

शैषं भुजंगं भामाजूद्धंमथवा समयस्य शेषं मधुम् सास वतः
अनन्तं॥

लेखंविधात्री भाग्यं सुधारती नौरात्रीम्मातानंन्तंम्॥

यथा तथा द्वौ कथाओ भौ शुभौ सर्वथा प्रसान्तं॥

रथंहकंतं दृ|ईसतं किमीकोसं श्रान्ति भवति वयं॥

माया प्रोरित नृत्यंन्ति मनुवै, जीवनंमैदं मायाकृतं॥

किन्चत्त साधूवै निन्दंन्ति माया संभवतः अंन्तः
श्रीकबीरीमतं॥

यत्रं वयं किम् मनं कः विहीनं माया नालभंति मायापतिम्॥

141 अश्वत्थः

पीपॅल प्लाण्ट गौन इशलैप्ट्||

अश्वत्था गॅ|छी सो गई तब सब जीरौ||

गौबर धन आव्वैक् ईफ औनली हीरौ||

किमर्थः यः का भवः कुत्रसंति सचराचरौ||

मृगमदाह् भ्रमंमया भ्रमरौ

प्रैयशी भवान स्वयं वौधरौ सुधरौ||

अती सनैहं स्वयं श्री कृष्णाह्||

च सर्वै सर्वैसंति तस्य भरियाह् अतः स्यामं ईला करौ||

बुद्धिम्शूद्धीमीदम् दर्शनं मनेशुद्धिम् भगतिम्||

क्रृयाशीलता यौगं च पाकृतिक समाधी नीदरौ||

यै चतुरथै शूद्धतया अध्यात्मिकता लभंति नारीनरौ||

142 कर्मचौरः

कि जहँ| दैखौ तहँ| बस जँगरचौरी है|

आराम मानै राम नही,काम सै जंगल दौरी है ।

पढ़तै तौ रामायन हमसै जादा वौ भी है|

लैकिन सौहरत नही जौरी है||

क्यौ? पढ़तै है निरमल मन जन सो मौहि पावा||

सौचतै है निरमला से नजरै मिलावा||

तौ? पहिलै विचारशुद्धि, फिर पूरा अचार जरौरी है||

आईडी परिचयपत्रा दर्शिशि बिलूप्त्तशिय्वास्तूदैवा||

हँसन्ती मनौविनौदै कण्डूझंडूस्च यातायात सुखैवा||

भूगर्-भीया महाकालं महत्तमीकाई समयैवा||

यौ यौ कृतामहाक्रिय्या महैशकृपापात्राह् तैस्मरातै कैवलैवा||

अन्यत्था कृताभैरूछायाकालं क्रियति कलैवा|||

भौला रक्छै सर्वदा सर्वै समयं संतं संति मनूमैवा||

अधुना फलं सर्व प्रथमं तत्कालं मूद्राच कदापि ना भावैसैवा||

143 हरे रामः

हंकी जंकी मंकी,, बंकी ठंकी नंकी शंकी॥

मीलू ईलू शीलू, पीलू दिली दीलू॥

सुबौधी सरवै बौधी, अबोधी ना बौधी॥

संम् संम् संम्, शिम् शिम् सीम् श्रीम्॥

जं जं जंयं भजं . तं कं कं कं कृष्णंम् ॥

हरे राम हरे रामा राम राम हरे हरे॥(ॐनत)!!!

लिषन बिहारी: हारे रामा हारै रामा, रमारामा
हरेहरैएएएएएए|

लिसन साऊथर्न हरेर्मा हरेर्मा रामारामा हरेहरे॥|पैड ढंढंढंढं|

जै बजरंग बली॥

बालबानीनाम् ईशः सूणुतम् मोदकं मौहनं आदिश्रास्त्री ताली|

144 मूक्ता छंदः

मूक्ता छंदा ग्राम्माफ्री री रिफ्री फौलौ दी, दी ऐण्ड एचड्डी||

सट्टाप ईड्डी - आठ ऐण्ड क्लौज औभर पौऐट्रीं||

डौन्टा बरना बरला है य्यार लौ- वर्ना दैट्टीज्||

बैनी ऐनी वैनी सावन सौमवार हॉनी वौरी नॉ|ट हॅरी आप फॅ|र नानस्टाप प्रैयर बॅड्डी|||

भोन्भैन -रींईडज् = शीमरन दैन् - दैन् लोफ्ज गॉड ऐट यूजैन||

जनहिताय कृपया अग्रैषितं क्रृयंतं, वै साधुवादं ददाम्यहं||

145 पुष्य नछत्र

कुरूवंति जोग्गा भवन्ति निरोग्गा।

कूरूवंति परीक्च्छा लिखंति प्रथंबारं जग्गा॥

पठंति वेदा नसंति भेदा।

समाओजियंति समयं वर्धन्ति मेधा॥

ॐ नमः शिवायं शुभं शावनं सौमवारं॥

पश्यशी कृपा वर्शशि मैघा॥

यै बंदिता चला ऑन्गलाआ पड़्ढा॥

ॐ शुभै पुन्य नक्छत्रै * सारंगप्रिण्टम् लभत्रै॥

ईदंमस्तीस्च, पुष्य तारै पुष्पपूष्तकं छपत्रै॥

दिवा दिवसै गात्रै ॐ्ज्यौतिष्च नवरात्रै॥

अतःक्रयतः अत्रै श्च आनॉ|म्सह श्रृद्धै मात्रै॥

बंदै गुप्तनौरात्रिम् बंदै गुप्तगुरू वरंम्॥

बंदे शिवं शंकरं च सावनै आनंन्दंम्करंम्॥

146 कुरूक्षैत्र

फाई परसैन्ट बैटरी बाचा है। जल्दी चारज मै डालो॥
मुझै क्यौ बता रहा है? पी.ऐ. को सम्हालौ॥
जयं श्रीकृष्णं लैडरी झगराखंड कुरूक्छैत्रा।
मनैन्द्रगढ़ होगै शिद्धी गिरि महैन्द्रा॥
प्यूपल आदी नॉ|ट जै प्रथम नाथ मत्सैन्द्रा॥
लडै का हौय तो चल गोपाल खौज दोचार ठो बैन्द्रा ॥
लाल लाल जै महाकाल जै बजरंगी बीर बंका॥
श्रीराम जै राम जै जै राम जै लंका जाकै लडं.का॥
रौपा लगानै सै फूरसत नही। क्या बड़| कारज करैगी?
फायदा भी जीरौ है॥ हीरनिया को खाली खारज करैगी॥
ॐ काली तारा कामख्या भुवनैश्वरी त्रीपुरसुन्दरी
महामाया छिन्नामस्ता ज्यैष्ठा बगला मातंगी
यूयं दसमहाविद्याय नमौ नमस्तै नमः॥
सर्वैकं लघुमंत्रं ॐक्लीम्सः॥
ॐमाताम्नवदुर्गा : शैलजा,ब्राह्मी,चंन्द्रहँ|सनी, कृष्माण्डा,
स्कंन्दमाता, कत्यायिनी कालिका महागौरी शिद्धीदात्री बंदनं
आरतीम् सस्वाहा पूजनं नमो नमः॥
ततः नमो अनंन्त श्रीयाय अनन्त मूर्त्यै अनन्त पदाह्
अनन्त हस्तै अनन्त श्रौणिऐ अनन्त नयनानाम
शंखं श्रीपद्म चक्रं च कौमुदी धारीश्रीविष्णुवै नमः॥
त्रियवसरै भवंति मौहिनी, प्रथमं सुधाबंटनै
द्वितीयं श्रीभौलैनाथस्य प्रीतै भस्मासुर भस्मीभूतावसरै
च श्रीराधस्य प्रीतै कंगनबिक्रेता मनिहारिणी
मनौहरी स्याम सलौनी सुन्दरी अभिवन्ती॥

147 दैवानागरी

ॐ महाकाल नम: जै भौलै नाथ॥

सत्रूस्य भंग गृहं भवः, जै जे मित्रा: साथ॥

जहि नश्यःबैरी, खादति मममाते कालिका॥

जदिआसंभवः ते सदबुद्धिम् ॐक्लीम् सः शारदा॥

ॐ रंरंरंरंरंरंरंरंरंरंरंरं रमंतं रामं, हनु5 हनुमंता॥

ॐ चं चं चं चपल चलंता॥

है बजरंगी जयंतं श्रीरामं जैराम जे श्रीराम॥

ऐकादसं शिवं हनुमंतं॥ बसंती हृदऐ शखाहमम॥

उत्तर दिशा में वराह मुख, दक्षिण दिशा में नरसिंह मुख,
 पश्चिम में गरुड़ मुख, आकाश की तरफ हयग्रीव मुख एवं
पूर्व दिशा में हनुमान मुख।

छम् दैवादैवीनाम् बिलंम्बै बिलुप्तं भवति अवान्छनीयं
अलिखं कं!!!

दैवानागरी लभते लभामि हं!यः पुस्तकस्य पस्य पृष्ठ चित्रै
द्वितीयचंदोपरि तिष्ठति देवी।

| सा,कृपया!: 1. चतुर्भुजाय कुरु द्वौभुजौ॥

2 हस्तो पुस्तकं पठित्वा धारिणी॥

3 यथा यूयं इक्छन्ति* कुरूनीयं॥कुरुतै शुभंबंदनामि!

148 पूर्व अध्ययन

पूर्वैनाभवती चलदूरभाषी, नाचाभौती गूगलगूरूनि।
पाठ्यक्रमम् सुगम च सानंन्दितं बालानन्दम् सःपाठंअकुरूनि॥
तस्य निर्माणं अस्ति अद्यतः चिरंस्थायी भवभूमि॥
अधूना ना बालपनं ना बाललीलं कैवलं पूस्तकभारं पठूनि॥
कलित्रामभियान्त्रीकीम क्लिष्टं
पठितं किन्तु रचना दशक भंगूरूनि॥

149 बुद्धि शुद्धि

बुद्धी शूद्धी कृतै ऊपायं बिधीबिधानं लभतै
श्रीब्रंह्मकुमारीमंदिरै||

तथा ब्यथा भवता बूद्धी अशुद्धि चलचित्रं मन्दिरै गतै||

महाकाव्यं पठितंम् बुद्धि संगीतमयं च संकैन्द्रितंम्भवेत्||

तथा विग्यान*मन्दिरै कैवलंम् विग्यानस्य छात्रस्य
अध्यापकः||

तथापि गृहैदं मंन्दिरै पूजाम्गणीतं संस्कृतंम् सैवाकृतः भवः||

भ्रमणं ग्रामै, समाजकामै, कृषिकृतै सुमतै जनः||

यथा तथा सर्वथा चरंन्ति कालि दिनै दिनै सततः||

कुत्रा युत्रा श्रीसूत्रा? कुत्रा पश्यष्मी श्रीकृष्णा
भवतिकः?कस्य?

कुम्कुम रंगे हँसितं अधरौ, सुकज्जलित चंचल नयनौ||

तिलकं मृगमदम् च सुकनासिकौ| गुच्छाकैशंमेघं च
दामनीकृतं स्वर्णकुण्डलौ

पीताबरंधरंम् च गमभीरनाभिह् च महावरितं पादपंकजौ||

ईक्छामि पस्यं तुभ्यं श्रीकृष्णं बंशीधरं च वरमुद्रा
हँस्तौ|अतःहँसदौ|

1हरिह् शब्दः स्वयं अक्छरब्रम्हः तथापि यमकः|

|श्रीविष्णुह् कान्हाह् रामः गजाननः हनुमानः वनः

: च संती बसंती सुप्राकृतः! यः ह्रीम्ग् बीजमंत्रा जाता अतः
महौत्तमः||

---

150 सूखं दु:खं

सूखं दु:खं कैवलं चिनतनं|| समय व्यर्थी मनु:सुखंदु:खं विचारिणं||

हलं जूतन्तं कृषिकाय कैवलं करमं ना सुखंदु:खं||

तपैओपवाशै सहर्षम् कष्टम् सहन्ति तै भवन्ति सुखं||

वयंमाँ|मिथकं सत्यतः आऑन्गलाभाषीनाम् भाषितहार्ध स्वराथवा ब्यंइय्जनं बिल्लौपंथी||

प्रयौगंन्ति वाचा संकैताचा शुभैधवलहस्तौ भवः भवंन्ति||

किमपि वयं पूजितं पश्चभाषानाम स्पष्टं ऊच्चारित्व प्रत्यैकाक्छरं बदंन्ति लैखंन्ती||

151 खिच.डी

परनम - गुड्ड मॉ|रनिग ऐण्ड थैन्काशा टूर्रीड|| पाई जौनॅ पैनी नाई वी नीड||

घरैशी बलैशी पान ई बैल कम क्यूपीड|| शीऐल आल ईहर परैयार, इयूज औवर डैट्रीज!

साईकस रामफाई पिण्ड खुजूर के भाई| रैबीट जैसा हैबिट कि फरौ सै फलौ छुपाई||

मेरा ऑस्ताज काला काला महाकालाकै दिल्ली हो किरपा| और करीया मैरा कान्हा का हौ करम मेरा आका||

मंगल हो बजरंगीजी!! बजै जैरामजी कै डंका|| और भगतन को हो भारी जंका मंका||

'''कल्लैक्टादा जीग्रीज् ऐण्ड मैक शूग्घर कैन?'''तो?हीन्ट ऐन्सर कै हो प्रौजैक्ट क्वशचैन|

औसताज करै तौ ऐ ईलम कम मिलैगा|| गॉ|ड गीभन वीजडम बीडॉन हाईजूकैशन||

यूनौ पूनौ? बे सिर पैर कै वाकिया है आजकल की कविता|| बेतरतीब तुकबंदी बिना गद्य है कि पद्य है, पता नही चलता||.

ऐ भयी सब सही, जै हौ सबफ्री मुक्त छन्द रहता||

और, आठ दस बाजौ कै शौर||आज कल का संगीत है||

"दामँनी दमँक रहत नभ माही| खल कै प्रीति जथा थीर नाही||"

दील पंजीयन का नवीनीकरण है महज तीन साल तक चलै वाला प्रीति है|

ज्यादा चलै के बैटरी चाहिऐ। सबै जगै रीचारज की रीत है॥
'''मौहबबत हौनही सकती बनावट के ऊसूलौ सै।
खुसबू आ नही सकती है कागज कै फूलौ सै॥"
जिद है बात काटनै का, तौ ईत्र छिड़क दै॥
लैकिन वौ तबियत न मिलैगी नकली गूलौ सै॥
डाली कदंब का झूला बच्घा लौग है खैलतै॥
गर घनश्याम है झूलैलाल, तो झूलै घुघूती के झूलो सै।
रहतै है हंकं फूरसत मे हरदम और ईन्तजार मै॥
मगर है ईश्क करतै हूनर बाज मसगूलो सै॥
फरज बढ़ती गई ज्यौं ज्यौं वफा की॥
दरद बढ़ती गई ज्यौं ज्यौं कसरत की॥
जरठ बढ़ती गई ज्यौं ज्यौं हसरत की॥
खूदा खुदी जानै आगै ईरादा क्या है?
जन्नतै ईश्क दैगा कि दौजखे नफरत की॥

152 ध्रूवसत्यं

ध्रूवः सत्यः भौमंण्डलै असंभवः पूर्ण निर्वातः||

तथापि विद्या बदंतै निर्वातः अंन्तरिकछ: द्वौ ग्रहौ मध्यतः||

गहन सयन: नैनौपटः ना विश्रामः अपितु कार्य पल्ली परिवर्तनः||

वाह्यकृति सयनः किन्तु अन्तः कृतिकार्यः यथा पाचनं ऊर्जोत्पादनं संचनं यः||

ततकारैण गहन निद्रै तीब्रं स्वासै चरंन्ती यथा धावितः||

अतः अनिद्रै नाशुभः|| तंत्रै निद्रादैवी स्वयंम् प्राकृतिक समाधी भवतः||

यथा मंनतामहं निद्रदैवीम अवाहं सस्वापना कान्हाकालाघना दर्शतः||

हमैसर्वाधिकंम्मातै हेवीणापाणी नमामीम्|

नूनं ग्यानं प्रदानं कूरू कूरू ये ग्यानीन प्रानीन||

मम कृष्णा क्राईष्टंम् भंवंती अगम तस्य क्रीम्||

यतःकालै तै समबौधष्यंति साहेब सतनाम अस्ति सत्यनारायणश्री||

ततः कालै ते सक्तुम सत्यतः आत्मं ब्रंह्मं अन्नूभवानीम् यदि कृपा गूरूजीम्||

जिस खियाल मै खौऐ हौ वौ दगा दैगा|| जौ जलवा जटाशंकर कै हौ तौ वौ जगा दैगा||

'''भाव कुभाव अलख आलस हू| नाम जपौ मंगल "दिशि दसहू||''''

नियत भलै ही गलत हौ, चलैगा नाथ भौला है|| पर जौ पापी जीव हौगा तौ वौ भगा दैगा||

153 घनस्यामः

ईस्माईल्ल डॉ|ट कॅ|म का नाम घन्नश्याम||

ईशरौ डँ|ट काम घमासान ए साहिबी घनसाम||

राम रीम् रौम ईदं पॉ|म पीम पोम| अत्र आक्रे|म ॐ
पारवती मॉ|म||

संति भवंति रसौ वै सः सौमंम् भवाम अट्टाहासंम्||

हः हः हः|| तत्तापस्चत्त श्रीकृष्णं तीब्रातीतीब्रंम् जपंनतह
कल108!!!

जंन्ता अजंन्ता हिलौरा अधरौ दरषंन्ता दन्ता||

प्रहसंन्ता हँसंन्ता प्रस्नंन्ता किम् जोऊँग् ऊर्जा, दूरभाषाय
कृतै विद्युत, वटस्य पत्ता||

कृपि: विचारंन्ता किम खद्यौतस्य आलौकै जगंन्ता
त्वंम जगंम् जूगूनूप्रकासै बिलौकन्ता संता||

यदी नैनौ विद्यूतमापी यंत्रा उपलब्धी (अरबंम् भागंम् मंत्रा,
इदं अद्यंन्ता पूर्वमहाविद्यालयै विद्यमंन्ता)

दरसति विद्युत मात्रा त्रीअंड्०का||

ईदं अश्वत्थस्य ऐकसवासतंम् नैनौऐमपियरा प्रियंका||

154 गिरधर:

कहँ| हो गूड माँ|रनिन्ग गिरधर ऐक्या है तैरा कारोबार?

चंम्मचकार को नंम्मस्कार|| और चमत्तकार को दरकिनार||

कार गुजार को खबर दार|| और खभरदार को कर बे कार||

नौ, नॉ|र वी ईनटरटैनर नाईदर पासटाईमर||

दैटीज नौ लॉ|फ्टर नै स्ट्रॅ| लिट्टर||

दैन? नौलेज पैथ इज स्वार्ड सार्पर||

शम हाऊ हार्डर टू बी टफ फॉ|लौ फार||

ईभन देन माई ईडन! कैन बील्लीभ हीरन.!!!

वी भैरी सिमपलर आइमीन भइरी ईजियर मैथी भन||

बिग ट्रीज भैस रिकार डर|| मानै ऐ बनै डाक टर||

सरबौलै? 'बनगै'!!! ता का का करै का परै, कर||

155 बंगाली

ॐ ह्री, काली कपालिनि भक्त प्रतिपालिनी

विश्वजंन मौहय् मौहय ठः ठः ठः स्वाहा||008 '!

ऐमँ|ते की भँ|लोछीलो, तूमी वॅरदान निकाली|||

ताड़पोडे. आमी की बौलछी ऐगौ भूतनी लागै भालौ ॥

दैऊता लौग कौ भी सौक हौता है चमचा पालनै का| कौई
गीता पढौहो कौई गाओ रामायन|

कोई जसगाऔ चलीसा और चरचा चालनै का||

सिऔर सखै हम कौ भी हसरत है पढ़ून्|| बट बनवारी!

ॐ हूम फट स्वाहा का हनूमान गेआर डालनै का ॥

खुदाकसम मै भी मसरूफ हून् ईश्क मै तैरै||

मै आलादरजा का चमचा क्या चमचा गिरी लिखा
उसैखंगालने का||

औबाँलै तौ ईत्ता नफरत ईन नजरौ मै लेके कून् घूमती रे
बबा?

सॅ|ब कौ हँसी लगना मान्गता तो हँस डालनै का||

ई नैट बौलता है की तैतरैय ऊपनीसदा का|| रसौ वाई सः
अतः रमन्ती ईतिहि रामः||

संति: संतिह यौ कृयिन्ती तै सैवा स्याम का|| स्यौर आई
धूमावती मानौ धूकौ!!,

तौ लिख डालनै का| मगर नौ लफड़| पालनै का||

हरी6! हेहरी3!! चारा काट कै कहँ| धरी?

बछुरी कोउ चरणा सिखावणा|| बाकी बेगारी के काम करी||

156 कामाख्या

ॐक्रं कामरू कामाख्या विद्महे, उमानंद प्रियाय धीमहि,
तन्नो कामाख्या प्रचोदयात्॥

आयातु वरदै देवी मैया, नीलपर्वत वासिनी।

तवं नमामि वरदे विद्या, कामाख्या कामरूपिणी शिवा॥

देवी बिलासा तंत्रविद्या महामाया नमस्तै यौनिमुद्रा च।

शिवा ब्रह्मपुत्र महासरिता तटै तव मंदिरं स्थिता॥

ॐभुवनैश्वरी महादैवी, सूर्यमालाम् रूपिणी॥

ॐमाते त्राहि वयं वैरौचिनी च निवाशिनी रजरप्पा॥

ॐमाता कालीतारा ज्यैष्ठाबगला मातंगीकमला च नमौ
नमः दशःमहाविद्या॥

प|च शिवतीर्थ किऐ पाचौ धाम सै लैआऐ

ऐकमहा दैव कै पाचो पूजा सबको मनाऐ॥

आशा ईदं दुष्टं तृष्णा। निराशा ईदं श्रीम् कृषणा॥

'''मोह सकल बाय्धी कै मूला|ताते पूनि ऊपजै बहूसूला॥ ''
किन्तु क्रीया इतिश्री आकृष्णा

157 श्रावण:

यः श्रावणः श्रावितःवर्षः हहं वयंम् बैलिकम् शुस्वागतः||

बरसंति सटपं सप्तं मैघाहाकासः नृत्यकीनाम् परौपरः|

ईदं श्रीईन्द्राणीदैवी नमतः हः मं यः मनः||

यदिम् मंद हँसितं, यथा तीब्र: तडि.त:||

किम् भविष्यः तवाट्टाहासः ॐ क्लीम्सः?

सूती मम त्रूटी शौधीममाशुध्दी पाह्सकृपः!!!!

लाली लफ्जो मै साफ| मै लतीफाबाज नही||

नया जमाने का नया आगाज||

लकीर के फकीर छाप आवाज नही||

सब खुल्लमखुल्लाआसमा

पर्गटिया है कौई राज नही||

ईतना हसीन नजरौन् सै न दैखिऐ कान्हा|

ईश्क कै मारोन् को आता हयालाज नही||

मरज बढ़ती गई ज्यौ ज्यौ दवा की|

158 माता

पंचःसरिताःनामेराज्यै सर्वै दिवासै समः॥

श्रीगुरूदैवाय बंदै!!' सःश्रीअकालं नमौ नमः॥

तदैव,मातागायत्रैश्रमे, श्रीकबीराश्रमौस्च साधनारतामनुवै,

सरवै समयं गुरूसेवा लभंति, ते धन्यः संताः संति॥

यद्यपि गुरूपूर्णिमा भवति गुरू+ पूर्ण+माँ|,

अर्थात् विश्वतः प्रथम गुरूम् माता भवता॥

ऐवं सद्गूरूम् स्वयं मात्रि भवति|

अतः सततः मम श्रीगुरूदेवाय नमौनमः!!!

जीवविग्याने केवलं जननीगुरूम् परन्तू

कैवलं मनुह् विशेषं गुरूकृर्ता॥

अतः गुरुम्कृतिम्मानिवार्यता॥

159 हनूमंतः

नसरवाइभयौ जैयम् श्रीरामःहःहः जयं श्री हनू मंतं जयं हनु मंता!

भक्तराजोकपीसः सरयूतटै सैवाकालै अआइईउऊ अन्नूभवतान्नू :

यदः किम् लघूम् भगतं भवंति संति?

अद्यतः बजरंगबली सदैहः वर्तन्ती?

तै कैवलं जपंति संति रामरामराअंरंरंरं अंनंतंमंनंति॥

बसन्ती, ततः कपीसस्य रोमे रौमे श्रीश्यामः बसन्ती!!

मंदं हसंति कपीसः अशान्तिमासंतिम् भवन्ति भजनंम तीब्रं रं रं संति॥

साहेब कबीरं च हनूमंतं भगतौ द्वौसमं भवतौ॥

ऐकम् निरगूणि रामस्च अपर श्रीश्यामसुन्दरं भंजंतं कैवलं।

अतः नान्तरः सप्रैमै एकीकरणीयं अस्ति॥

160 रामः

चंदा आसनौपरी परी बिराजा| धनधा धारै वीणा बाजा||

भरै कुमुदनी शिय् ता.डागा| मं मंग ॐक्लीम् सः आवाह् आजा||

तैतरीय उपनिषद . अध्याय आठ|रसौ वै सः विचार विस्तृत||

कैवलं रमन्ते इति रामः|| अंन्यथा ऐको ना भागवत||

कौन सी 'नी' है? कि नही है ना'नी'?

पदमिनी, शंखनी चित्रिनी हँस्तिनी,

दामिनी, कामिनी, डाकिनी, शाकनी

भूतनी, सूतनी, प्रेतनी पीशाचिनी,

आगनी जागनी की हौ रागिनी||

नान ऐनी नानी औनली सौभागिनी|||

नूनं नंनू नंनः नंनी

161 दर्शनं

फिलॉ|सॉफी ऑ|फ साईन्स नीड एन ऐपलीकैशन ऑफ
टैकन नॉ|लैज रैदर दैन वास्टनैश ऑफ नॉ|लैज||
मनै? रीशर्च मै ग्यान की विशालता नही बल्कि
ग्यान की उपयोगिता आवश्यक है||
ऐ बच्चै वक्त गुजारी करै आते है पढ़नै कौ नही जाते|
ऐ देवालयो मे पूजा करने नही जातै! तो?
हिन्दू मुस्लिय एसटी ऐशशी करनै जाते है||
भगवान भुक्तभौगी श्रीकपीशजी रामायण मैआते है||
ससुरार मै शंकर भगवान| झैले ब्यर्थ के प्रस्न||
नोगोत्रा नो पूर्वाज आदिनाथ बना,ईन्सान||

162 स्पष्टीकरणं

सुरूकर्ता सकल जहँ।न॥ जरा समझै पं.जन॥

लाली लफ्जो मै साफ। मै लतीफाबाज नही॥

नया जमाने का नया आगाज॥

लकीर के फकीर छाप आवाज नही॥

सब खुल्लमखुल्लाआसमा

पर्गटिया है कौई राज नही॥

ईतना हसीन नजरौन् सै न दैखिऐ कान्हा।

ईश्क कै मारोन् को आता हयालाज नही॥

163 महात्रूटीम्

धिग्यौजनाम् विषं वाणिज्यं धिग सर्पोद्यानं॥
वयंम् अपद्रामः पूजाकर्मतः ना कष्टं तानं॥
श्रीम्हालक्छमीम् स्वयंमे|वाहँशिय्शि अत्रं॥
तस्य वयं कृपापात्रं मूद्रामैघःविष्फुटितं महत्रं|

अशक्तिम् अन्नूसंधन्नू छापं
टिकठीहाईनं भाभी ना बालकाहार्थ् ना मॉ|मॉ|र्थ॥
हँसितंजीवनं दीर्घम् च चिन्ता चिता समीपयति ब्यर्थ॥
ईदः अग्रजास्य दुःखस्य कारणाह् तदार्थ॥
अतः भक्तः बिन्दासः च शुद्ध शुभं सुखं भवार्थ॥
अबौधितंमहं तै संगैर्महात्रूटीम्॥

चापरः लघूर्त्रूटिम्, डैलीमकमानकैशं कैशवः ईदानीम॥
तथापि अवान्छनीयं* अभवति॥
चतुर्गुणंदसम् प्राप्तान्कं आभावती शुभं परन्तू अदर्सति
षड़|न्कं*॥

(* ताराहँ संती मात्रात्रूटिम्)

ईदं गौपनीयं किन्तू वयमस्य साहिब्स्य श्रीगणैशतः
पस्चिम परिणामं प्रकासनै संशौधनादैसं उपरान्ते ईदं निर्भया
हिरणी लेखं॥
ऊपरीतह स्वयमौष्णह कूत्र यः सूत्रः?

ना| ना| ना|

तत्कालं अनवैषणातः चा समाधानं पस्चे यदिम् तिरियापंचं||

यत्र श्रीसप्तःशनीश्च कालरात्रीम् सप्तंम्||